德语经典名著百日阅读计划

德国民间故事与传说
Deutsche Volksgeschichten

张 穆 编注

同济大学 出版社
TONGJI UNIVERSITY PRESS
·上海·

内 容 提 要

本书精选了五则经典的德国民间故事,带领读者领略德国文化的独特魅力。《明希豪森奇遇记》以一位传奇男爵的口吻,讲述了他充满夸张与奇幻色彩的冒险经历,令人忍俊不禁又欲罢不能。《梯尔·欧伦施皮格尔》和《希尔德的市民们》是15至16世纪德国民间文学的瑰宝。前者生动描绘了梯尔·欧伦施皮格尔机智幽默、整蛊他人的日常生活,后者则展现了希尔德市民们单纯愚笨却又自信满满的滑稽形象,两则故事妙趣横生,令人捧腹。最后两篇故事则蕴含深刻的人生哲理,发人深省。

本书特别适合德语学习者阅读,所有故事均由经验丰富的德语专业教师添加生词释义和文段注解,帮助读者轻松理解文本内容。无论是初级阶段的学习者,还是具有一定德语基础的读者,都能通过本书对德国民间故事有一个全面的了解,为日后深入探索德国民间文学奠定坚实的基础。

通过阅读本书,读者不仅能提升德语水平,还能在轻松愉快的氛围中感受德国民间文学的独特魅力,收获知识与乐趣的双重体验。

图书在版编目(CIP)数据

德国民间故事与传说/张穆编注. 一上海:同济
大学出版社,2025.1
(德语经典名著百日阅读计划. 第二辑)
ISBN 978-7-5765-0687-7

Ⅰ.①德… Ⅱ.①张… Ⅲ.①德语—语言读物②民间
故事—作品集—德国 Ⅳ.①H339.4:I

中国国家版本馆 CIP 数据核字(2023)第 018478 号

德国民间故事与传说
Deutsche Volksgeschichten

张 穆 编注

责任编辑 戴如月 **助理编辑** 王 笑 杨黄石 **责任校对** 徐逢乔 **封面设计** 潘向蓁

出版发行	同济大学出版社	www.tongjipress.com.cn
	(地址:上海市四平路 1239 号 邮编:200092 电话:021-65985622)	
经 销	全国各地新华书店	
排 版	南京文脉图文设计制作有限公司	
印 刷	上海安枫印务有限公司	
开 本	889mm×1194mm 1/32	
印 张	5.625	
字 数	126 000	
版 次	2025 年 1 月第 1 版	
印 次	2025 年 1 月第 1 次印刷	
书 号	ISBN 978-7-5765-0687-7	

定 价 48.00 元

本书若有印装质量问题,请向本社发行部调换　　版权所有　侵权必究

"德语经典名著百日阅读计划·第二辑"总序

亲爱的读者，

　　当你手中拿着这本《德语经典童话与寓言》或是《埃米尔擒贼记》或是《德国民间故事与传说》或是《胡桃夹子和老鼠国王》的时候，相信你是一个正在学习德语并且喜爱阅读的人。这四本德语故事集或小说共同构成了"德语经典名著百日阅读计划"的第二辑。

　　我们在构思如何做一套德语版的经典名著导读时，就希望让德语学习者也能和英语学习者一样，读到原汁原味的德语经典小说——用已有的德语知识，轻松读到纯正的德语文学；以有限的语言水平，感受和体验经典文学的美好；更能通过阅读原版，让自己的德语水平得到"升华"。为此，我们特别邀请了有丰富德语教学经验、对德语文学有深入研究的教授和德语教师来对这些德语经典名著进行编注。除了注解一些生词以及难理解的句子之外，编者们还对文中出现的一些语法现象和固定表达、动词用法进行了解释。

　　或许你会想，德语已经这么严谨枯燥了，读原著应该会如同嚼蜡。那何不把阅读兴趣和学习需求结合到一起呢？"德语经典名著百日阅读计划"这套书一定会打消你的顾虑。与其把阅读德语原著看作一种挑战，一时兴起买来翻两页就丢到一旁，或是三天打鱼两天晒网地展开一段"马拉松"，不如跟随我们的节奏培养你的阅读习惯。阅读是一个持之以恒的过程，特别是阅读小说,连续的阅读才能让人体会到情节的生动、语言的美好。

与第一辑三部围绕爱情的经典小说相比,"德语经典名著百日阅读计划"第二辑包含了多部最有代表性的德语儿童文学、童话、寓言、民间故事和传说。读完这四本书,你就能对从古至今德语文学中的儿童世界有较为全面的了解。兴许,你还会对小时候便熟读的童话故事产生更加丰盈、深入的认识。

对于这四本书的品读,我们的建议是:先读难度较低且大部分读者都耳熟能详的《德语经典童话与寓言》,再读难度不高的《埃米尔擒贼记》,比较一下流传已久的民间童话寓言与现代作家创作的儿童文学的不同滋味。读完前两本后,可再乘胜追击,挑战难度略高的两本《德国民间故事与传说》与《胡桃夹子和老鼠国王》。为便于读者实际操作,我们为这套书的每一本都定了一个阅读期限:25 天阅毕《德语经典童话与寓言》,30 天读完《埃米尔擒贼记》,20 天欣赏《德国民间故事与传说》,25 天攻克《胡桃夹子和老鼠国王》——理想的状态是,100 天就能读完这四本经典的德语文学选集或小说。当然,如果你已经有相当高的德语水平,我们更乐于见到你一口气就把这四本书读完;如果你才刚刚入门没多久,也不用感到压力,你可以用翻倍的时间去慢慢读、细细品。

《德语经典童话与寓言》(*Deutsche Märchen und Fabeln*)收录了格林兄弟(Brüder Grimm)搜集整理的《格林童话》、威廉·豪夫(Wilhelm Hauff)加工编写的《豪夫童话》及戈特霍尔德·埃夫莱姆·莱辛(Gotthold Ephraim Lessing)创作的《莱辛寓言》。由于篇幅限制,我们只选取了这三部作品集中的部分精彩名篇。我们选择这部童话与寓言集作为第二辑的第一本,不仅是因为其中不少故事早已广为流传、脍炙人口,更是因为它们语言简洁精练,叙事性强,相对容易理解,对于有一定德语基础的学生(德语专业大二及以上,欧标德语 A2+)来说比较容易上手,能令人享受到阅读的乐趣。而且这些故事的搜集或创作者格林兄弟、豪夫与莱辛,都是在德语文学领域里深受中国读者欢迎的名家。

《埃米尔擒贼记》(*Emil und die Detektive*)是 20 世纪最著名的德国儿童文学作家埃里希·凯斯特纳(Erich Kästner)的代表作。这部儿童小说讲述了一个充满幽默的城市冒险故事,不仅文笔生动、极富画面感,还对当时德国的社会现实作了精准描摹,刚一问世便轰动世界。我们选择这部小说作为第二本,是因为尽管它不像经典童话故事那样广为人知,但凯斯特纳的遣词造句相当明晰流畅,相信你能带着轻快又兴奋的心情读完这部小说。

《德国民间故事与传说》(*Deutsche Volkserzählungen*)包括了《明希豪森奇遇记》《梯尔·欧伦施皮格尔》《希尔德的市民们》等五则经典的民间故事,这些故事幽默诙谐,趣味盎然,同时又颇具讽喻色彩,能让人在笑过之后掩卷沉思。但是这部故事集的阅读难度稍大,主要原因在于它与现当代德语有一定距离,在用词上也有些差异。不过如果你已经有了之前两本甚至是第一辑的阅读经验,相信你会渐渐忽略语言难度给你带来的困扰,不知不觉沉浸在这些描述人间烟火的朴实文字之中。

《胡桃夹子和老鼠国王》(*Nussknacker und Mausekönig*)是德国晚期浪漫派文学大师 E. T. A. 霍夫曼(Ernst Theodor Amadeus Hoffmann)的传世名作,对它进行翻译与改编的作品不计其数。法国作家大仲马在霍夫曼原著基础上作的改编又被柴可夫斯基进一步加工成芭蕾舞剧《胡桃夹子》,这更令这部艺术童话家喻户晓。之所以选择这本书作为"德语经典名著百日阅读计划"第二辑的收官之作,一方面是因为霍夫曼的作品在用词、修辞和行文上颇为精致考究,语言难度稍大;另一方面则是由于这部小说并非如许多民间童话故事那样简明易懂,而是暗藏玄机,在叙事结构与人物情节方面都比较复杂多义,值得多多琢磨,细细品味。

最后,我们还为这套书的阅读提供了一些小工具:我们为每一天的阅读内容都配了音频——你可以边听边读,保持匀速的阅读节奏;或者听后再读,细细品味每一词每一句;或者读后再听,回味刚刚读过的情节。我们为每一本书都配了一张打卡表,你可以在每次阅读时记录你的阅读日期、阅读时间和难易体会。当你凑齐第二辑的这四张打卡表,会看到什么呢?最后一个小工具就需要你自己去寻觅了:一支笔。我们建议你在阅读的时候拿着笔,因为它可以帮你保持阅读的注意力,同时你也可以在每页的空白处做一些批注,记录你的理解和阅读感想。

希望这套书能帮你提升德语水平,提高阅读速度,学到新单词,掌握一些地道的德语表达。通过阅读这套书,愿你也能体会到文学阅读的乐趣和成就感。

祝阅读愉快!

编　者

2023 年 3 月

导读

　　本书共收录了五则德国经典民间故事。其中,前三则故事由埃里希·凯斯特纳(Erich Kästner)改编,后两则为民间流传故事,撰写者不详。

　　提起《明希豪森奇遇记》这个名字,有些读者或许会感到陌生,但如果换成《吹牛大王历险记》的话,大家就熟悉多了。这则故事中主角的名字就是明希豪森,主人公跌宕、惊险、传奇而荒诞的冒险经历给读者带来了新奇的阅读体验。《明希豪森奇遇记》由打猎故事和冒险故事构成。明希豪森男爵在对自己传奇经历的讲述过程中,虽然有意将故事笼罩在一种虚妄荒诞的氛围中,但读者仍然能够从中看到封建时代贵族生活的真实样貌。《明希豪森奇遇记》当中收录的一系列故事其实是这位颇具传奇色彩的男爵自己口述的亲身经历,只是其中夹杂了大量夸张,甚至在他人看来是吹嘘的成分。不过,由于明希豪森巧舌如簧,这些吹嘘夸大的成分在讲述过程中反而引人入胜、令人陶醉。他枪法精准,勇敢参战,一枪打断拴在教堂尖顶处的马笼头,从而救下自己的战马;他马术精湛,在骑行时可以轻盈驾马越过马车的车窗,并向里面的女士们挥手致意;他在战败不幸被俘、为苏丹放蜂时,为了驱赶贪食蜂蜜的熊,过度用力将银斧抛至月亮之上,随后机智的他又设法将银斧取回;他广交身手不凡的朋友,而这些具备特异功能的朋友在他同骄狂自大的苏丹立下生死赌约之时帮助他赢得大笔财富并成功脱险。总之,在读完这个故事后,读者们并不会在意这则故事中的虚构成分,呈现在我们眼前的更多是一个英勇善战、正直善良的英雄形象。这些故事中虽然有很多离奇夸张的情节,但这些超现实叙事,在民间故事流传的时候却是博取读者兴趣不可或缺的要素。在阅读这些故事的过程中,我们仍然可以还原出欧洲封建领主、地主阶级的日常生活和精神世界,这或许是这个大胆的故事直到今天依然值得传播和阅读的原因之一。

在德国文学史上,15 世纪至 16 世纪是德国民间文学的高峰期,其中流传甚广的当数《梯尔·欧伦施皮格尔》和《希尔德的市民们》。这两部作品描述的主人公不再是驰骋战场的英雄人物,也不是地位显赫的达官贵人,而是文学世界中一直默默无闻而在城市中大多数的存在——下层市民。

《梯尔·欧伦施皮格尔》的主人公是一个名为梯尔·欧伦施皮格尔的乡下人,整篇故事从头到尾都是围绕着他在四处游荡途中的所作所为展开的。全篇以一个匪夷所思的事件作为序幕——新生儿梯尔·欧伦施皮格尔在一天之内经历了三次洗礼,不寻常的开端为主人公不寻常的人生埋下了伏笔。这个从小在乡下长大的孩子始终以整蛊他人为乐。欧伦施皮尔格是从"小丑"这份职业"出走",踏上了戏弄社会的道路。小丑本来是通过自我欺侮、出丑自嘲的方式,让读者在捧腹大笑间通过取笑小丑而获得娱乐、满足。而主人公或许是厌倦了被众人无穷地嘲弄,或是厌恨这些冷酷麻木而无聊的人,于是决定转身嘲讽这个无情世界。他捉弄的对象遍布社会的各个阶层,从街坊邻里到小偷扒手,从医师、面包师到裁缝,甚至是封建领主以及象牙塔中饱读诗书的教授、学者。主人公在愚弄众人的时候,能够充分"因地制宜""因人而异",他的恶作剧令人忍俊不禁。其实,在大家的注意力都集中在他那令人啼笑皆非的恶作剧以及他油嘴滑舌的辩解之时,我们更应看到作者实际上是在借助主人公梯尔·欧伦施皮格尔这个文学角色对社会各个阶层的人进行嘲讽:在这些被整蛊的人的心目当中,四处游荡的梯尔·欧伦施皮格尔实为社会底层人士;在他们和梯尔·欧伦施皮格尔打交道的过程中,我们可以清楚地看出他们在面对眼前这位乡巴佬时无形中表露出的鄙夷之情。所以,我们在阅读的过程中不大会对这些人的遭遇感到同情,反而会对这些自以为是且自我感觉优越的所谓"上层人士"被整蛊后的可怜相感到一丝快感。故事结尾的句子其实是此篇的文眼,它道出了作者的心声。众人被整蛊的根本原因并非在于主人公梯尔·欧伦施皮格尔本性顽劣,而是源于众人皆愚笨这一缘故。对那些自以为是的人而言,这句简单的结束语实为有力的一击。

相比《梯尔·欧伦施皮格尔》,《希尔德的市民们》这则故事中的主人公不是单独的个体,而是小城希尔德的全体居民。故事以追溯这群人的先祖开篇,讲述了他们由聪明逐渐变蠢的原因及过程。为了避免外界的骚扰,这些原本聪明的希尔德市民们选择故意装傻充愣,拒绝出仕为他人献计献策。虽然他们的行为令人捧腹,但是他们可笑荒唐的决定却又折射出了他们的自信。每当面临问题,他们并不退缩,反而争相献计献策,即使在错误的道路上依旧齐心协力、无私无畏。待到事情向不好的结局发展之时,大家并不会对作出荒唐决定的人横加指责,事件往往都会一团和气地圆满收场。这则故事里列举了一系列希尔德市民们滑稽又荒唐的举动,比如向新建成但没有窗户的市政厅内搬运阳光、种植食盐、刻舟求"钟"等。在最后放火驱赶一只猫儿的行动中,希尔德市民们亲手将自己的家园付之一炬,失去家园的他们流落到了世界各地,故事以略微悲情的结局收场。这则故事虽然充满了幽默诙谐的色彩,但是其警示作用却不容忽视,憨态可掬的希尔德市民们实际上就像一面镜子,现实生活中类似这样揣着明白装糊涂的人都可以在他们身上找到自己的影子。

《不期而遇》讲述的是一段刻骨铭心的爱情故事,让人充分理解到世事无常这个道理。婚姻是人生中的一件大事,而人世间的事又尽在无常之中。故事中女主人公的未婚夫在新婚前夕突遭矿难,噩耗击碎了女孩对幸福的期许。多年之后,埋在废墟中的未婚夫尸骨得以重见天日。未婚妻闻讯赶到,扑倒在他的身上并向周围人洒泪倾诉她不幸的遭遇。待到未婚夫下葬之日,未婚妻亲手为他围上当年自己为他准备的黑色金边丝巾并和他相约地下再见。这则故事不长,但是女子对未婚夫的长情令人动容,戏如人生,人生也像这故事一般,在充满可能性的同时,也充满着无常。短小的爱情悲剧,也是一则人生寓言。

在本书最后一篇民间故事《卡恩·尼特·菲尔施坦》中,一位德国流动工匠来到了阿姆斯特丹,荷兰华丽的住宅以及让人垂涎的财富令他心动。由于语言不通,他错误地把当地人的回答 Kannitverstan(此为荷兰语,对应的德语为 Kann nicht verstehen,意为"我不明白,我听不懂")误当作这些财富所有者的名字。不久,一个送葬的队伍迎面走来,当他向路人询问逝者姓名的时候,得到的回答依旧是 Kannitverstan。令人渴求的财富和令人畏惧的死亡,这二者之间的反差让年轻人顿悟。他不再纠结于尘世间人与人的贫富悬殊,而是由衷地为自己还活着而感到庆幸。

以上五则民间故事内容质朴生动,以个性鲜明的语言呈现了不同的人间图景。看起来荒诞不经的情节背后,却反映着市井生活的真实和特定阶层人群的内心欲望。知名作品固然在文字和语言上有其特殊的魅力,但是这些描述人间烟火的朴实文字难道就不具备触动读者感情的力量吗?当然不是。万家灯火,芸芸众生,熙熙攘攘的你来我往当中,人人都是一面镜子,我们都可以在他们的身上找到熟悉的自己。

张佳宁

2024 年 10 月 11 日于太原

目 录

"德语经典名著百日阅读计划·第二辑"总序

导读

Tag 1	Münchhausen	001
Tag 2		011
Tag 3		021
Tag 4		035
Tag 5		046
Tag 6	Till Eulenspiegel	052
Tag 7		061
Tag 8		070
Tag 9		079
Tag 10		085
Tag 11		091
Tag 12	Die Schildbürger	098
Tag 13		108
Tag 14		118
Tag 15		128

Tag 16		136
Tag 17		144
Tag 18		150
Tag 19	Unverhofftes Wiedersehen	155
Tag 20	Kannitverstan	161

1 **Tag**

Münchhausen

这则故事的开篇以当时的社会背景为切入点，说明了这则故事的来源。

★ ★ ★

大雪之中，明希豪森骑着马儿寸步难行，乏困至极的他在拴好马匹后睡了过去，一觉醒来，他发现自己竟然躺在一个公墓里，而且他身边的马匹也不翼而飞……

★ ★ ★

明希豪森坐着马儿拉着的雪橇驶向圣彼得堡，不料途中却遭到了饿狼的袭击，可怜的马儿最终被饿狼吞噬，不过聪明的他还是转危为安，躲过了这场灾祸。

Vorwort

Eines steht fest, und daran ist nicht zu wackeln[1]: Der Baron von Münchhausen, der in diesem Buch einige seiner Abenteuer erzählt, hat wirklich und richtig gelebt, und zwar（即，表示进一步的说明）vor etwa zweihundert Jahren. Er kam im Braunschweigischen zur Welt（zur Welt kommen，出生）, hieß Hieronymus mit Vornamen und wurde, kaum aus der Schule, Offizier（m. 军官）. Das war damals bei Söhnen aus dem Adel（m. 贵族）so üblich. Die Väter lebten auf ihren Gütern（m. Gut 地产，庄园）, gingen auf die Jagd（auf die Jagd gehen 去打猎）, ritten durch die Felder, tranken roten Punsch（m. 潘趣酒，一种由葡萄酒、果汁、茶或水混合而成的饮品）und ließen ihre Söhne Offiziere werden. Wenn die Väter alt wurden, riefen sie die Söhne zurück（zurück/rufen 唤回，召回）[2]. Und nun gingen diese auf die Jagd, ritten durch die Felder, tranken roten Punsch und ließen wiederum ihre Söhne Offiziere werden.

Wann war das denn nun, damals? Es war zu der Zeit, als die Kaiserin Maria Theresia（玛利亚·特雷西娅，奥地利女王）in Österreich, Friedrich der Große（腓特烈二世，普鲁士国

1　动摇，此处意为"改变"，这里使用了 sein + zu + Inf. 句型，表示"不可被撼动的"。

2　本段描述了当时贵族阶层在生活上的无忧无虑。

王）in Preußen und Katharina II.（叶卡捷琳娜二世，俄国女皇）in Russland regierten（regieren 统治）.[3] Weil es überall Krieg gab, gab es überall Armeen（Armee f. 军队）, und weil es überall Armeen gab, brauchte man überall Offiziere. Und war im eigenen Lande wirklich einmal kein Krieg, so ritt man in ein anderes Land und trat in dessen Armee ein[4]. Genauso ging es mit Hieronymus von Münchhausen. Als es ihm daheim（在家）zu langweilig wurde, trat er in die russische Armee ein. Und im Krieg zwischen Russland und der Türkei wurde er gefangengenommen[5] und erst nach einigen Jahren wieder freigelassen[6].

Später rief ihn sein alter Vater heim nach Bodenwerder, so hieß ihr Gut und das kleine Schloss, und nun war Hieronymus der Gutsherr（m. 庄园主）. Er zog die Uniform aus, ging auf die Jagd, ritt durch die Felder und trank roten Punsch. Söhne hatte er übrigens keine, und so konnte er sie auch nicht Offiziere werden lassen.

Davon abgesehen（抛开⋯⋯不计、不算在内）lebte er wie die anderen Barone auch, und wir wüssten heute nichts mehr von ihm, hätte er nicht beim Punsch ganz erstaunliche（erstaunlich

3 结合文中所提到的三位君主，即奥地利的玛利亚·特雷西娅、普鲁士的腓特烈二世以及俄国的叶卡捷琳娜二世，我们可以知道此时正值欧洲的封建时代，各国以及诸侯间的摩擦战争不断，此处为下文中明希豪森前往他国参战做好了铺垫。

4 in die Armee ein/treten 从军

5 gefangen/nehmen 逮捕，捕获，这里用的是被动态，表示"被捕"。

6 frei/lassen 释放，这里用的也是被动态，表示"被释放"。

令 人 惊 异 的) Geschichten erzählt. So
erstaunliche Geschichten, dass die anderen
Barone, der Pfarrer, der Doktor und der
Amtmann, die mit ihm am Tische saßen, Mund
und Nase aufsperrten (auf/sperren 张开)[7].[8] So
erstaunliche Geschichten, dass sie von irgendwem
heimlich aufgeschrieben und gedruckt wurden.
Münchhausen war sehr ärgerlich und wollte den
Druck verbieten lassen. Als er damit kein Glück
hatte[9], starb er vor Wut (气得、动怒得).

Und was an den Geschichten ist denn nun
so erstaunlich? Sie stecken voll der tollsten
Lügen (Lüge f. 谎言)! Mitten in Berichten
über Reisen, die er wirklich gemacht, und über
Kriege, an denen er wirklich teilgenommen hat,
tischt Münchhausen uns Lügen auf (auf/tischen
讲述, 闲扯), dass sich die Balken biegen[10]!
Durch Lügen kann man also berühmt werden?
Freilich! Aber nur, wenn man so lustig, so
phantastisch, so treuherzig (真诚的) und so
verschmitzt (调皮的、狡黠的) zu lügen
versteht wie Münchhausen, nicht etwa, um die
Leser zu beschwindeln (欺骗), sondern um sie,
wie ein zwinkernder (zwinkernd 眨着眼睛的)
Märchenerzähler, mit ihrem vollen Einverständnis
lächelnd zu unterhalten.[11]

7　这里使用了德语中的结果状语从句 so + Adj. , dass …, 意为"太……, 以至于……"。

8　这里使用了第二虚拟式, 表示如果不是亲耳听到明希豪森的所述的话, 人们是不会知道这些故事的。

9　kein Glück haben 不走运, 这里指的是明希豪森未能阻止他人盗用他的故事。

10　sich biegen 弯曲, 这里用的是德语中的口语 lügen, dass sich die Balken biegen 撒下弥天大谎。

11　这里说明了明希豪森口中所说的谎言颇具特色而有别于一般谎言的原因。

Dass ihr mir nun also nicht nach Hause kommt und sagt: »Denk dir, Mama, ich hab' eben mit einem Auto gesprochen, und das Auto meinte, morgen gäbe es Regen!« Durch solche Lügen wird man nicht berühmt. So zu lügen wie Münchhausen ist eine Kunst. Versucht es, bitte, gar nicht erst, sondern macht lieber eure Rechenaufgaben（Rechenaufgabe f. 算术作业）! Und dann, wenn sie fertig sind, lest Münchhausens »Wunderbare Reisen und Abenteuer zu Wasser und zu Lande« Ich wünsch' euch viel Vergnügen（n. 舒适,惬意）[12].

12　jmdm. viel Vergnügen wünschen 祝福某人舒适惬意

Das Pferd auf dem Kirchturm

Meine erste Reise nach Russland unternahm （unternehmen 做,进行）ich mitten im tiefsten Winter. Denn im Frühling und im Herbst sind die Straßen und Wege in Polen, Kurland und Livland vom Regen so erweicht（松软的）, dass man steckenbleibt[13]. Und im Sommer sind sie knochentrocken（干巴巴的）und so staubig （灰尘飞扬的）, da man vor lauter Husten nicht vorwärts（向前）kommt. Ich reise also im Winter und, weil es am praktischsten ist, zu Pferde. Leider fror ich jeden Tag mehr, denn ich hatte einen zu dünnen Mantel angezogen,

13　这里依旧使用的是德语中的结果状语从句。

und dass ich oft genug weder Weg noch Steg sah, keinen Baum, keinen Wegweiser（m. 路标）, nichts, nichts, nur Schnee.[14]

Eines Abends kletterte ich, steif und müde, von meinem braven Gaul（m. 马）herunter（herunter/klettern 爬下来）und band ihn, damit er nicht fortliefe（fort/laufen 跑掉）, an einer Baumspitze fest, die aus dem Schnee herausschaute[15]. Dann legte ich mich, nicht weit davon, die Pistolen（Pistole f. 手枪）unterm Arm, auf meinen Mantel und nickte ein（ein/nicken 打瞌睡）.

Als ich aufwachte, schien die Sonne. Und als ich mich umgeschaut（sich〈A.〉um/schauen 四下张望）hatte, rieb ich mir erst einmal die Augen[16]. Wisst ihr, wo ich lag? Mitten in einem Dorf, und noch dazu auf dem Kirchhof（m. 教堂墓地）! Donner und Doria[17]! Dachte ich. Denn wer liegt schon gerne kerngesund（非常健康的）, wenn auch ziemlich verfroren（冻僵了的）, auf einem Dorfkirchhof? Außerdem war mein Pferd verschwunden（消失了的）! Und ich hatte es doch neben mir angepflockt（an/pflocken 把……拴在木桩上）!

Plötzlich hörte ich's laut wiehern（嘶鸣）.

14　恶劣的天气以及周边的场景突出说明了明希豪森所面临的困境。

15　heraus/schauen 向外看,此处意为"露出"。

16　sich(D.) die Augen reiben 揉眼睛

17　口语,意为"我的天哪"。

Und zwar hoch über mir! Nanu（哎呦，哎呀）! Ich blickte hoch und sah das arme Tier am Wetterhahn[18] des Kirchturms hängen! Es wieherte und zappelte（zappeln 来回挣扎）und wollte begreiflicherweise（当然地）wieder herunter. Aber wie, um alles in der Welt, war's denn auf den Kirchturm hinaufgekommen?

　　Allmählich begriff ich, was geschehen war. Also: Das Dorf mitsamt[19] der Kirche war eingeschneit[20]gewesen, und was ich im Dunkeln für eine Baumspitze（f. 树顶）gehalten hatte, war der Wetterhahn der Dorfkirche gewesen! Nachts war dann das Wetter umgeschlagen（um/schlagen 骤变). Es hatte getaut（tauen 融化). Und ich war, während ich schlief, mit dem schmelzenden[21] Schnee Zentimeter um Zentimeter hinabgesunken（hinab/sinken 降下来，沉下来), bis ich zwischen den Grabsteinen（Grabstein m. 墓碑）aufwachte.

　　Was war zu tun? Da ich ein guter Schütze（m. 射击手）bin, nahm ich eine meiner Pistolen, zielte nach dem Halfter（n./m. 马笼头), schoss ihn entzwei（断掉了的）und kam auf diese Weise zu meinem Pferd, das heilfroh（非常高兴的）war, als es wieder Boden unter den Hufen（Huf m. 蹄）hatte.[22] Ich schwang

18　m. 风信鸡，一种用来指出风向而安装在教堂塔楼尖上的工具，兼有装饰作用。

19　mitsamt 是介词，意为"连同"，其后需要支配第三格宾语。
20　ein/schneien 被雪封住，这里用的是状态被动态。

21　动词原形为 schmelzen，意为"融化"，此处为第一分词作定语，表示"融化着的"。

22　马儿从教堂塔楼上面落下居然能够四蹄着地而毫发无损，读者从这里可以明显看出明希豪森的夸大之处。

mich（sich〈A.〉schwingen 一跃而起）in den Sattel（m. 马鞍），und unsre abenteuerliche Reise konnte weitergehen.

Der Schlittenwolf

Da es in Russland nicht üblich ist，hoch zu Pferde zu reisen，kaufte ich mir einen kleinen Schlitten，spannte mein Pferd vor（vor/spannen 将……套上），und wir trabten guten Muts[23] auf Sankt Petersburg zu（zu/traben 向着……骑马小跑）. Irgendwo in Estland oder in Ingermanland，so genau weiß ich's nicht mehr，auf alle Fälle aber in einem endlosen，unheimlichen Wald wurde mit einem Male mein Pferd unruhig und raste（rasen 飞奔），wie von wilder Angst gepeitscht[24]，mit mir auf und davon.[25] Ich drehte mich um und erblickte（erblicken 看到）einen riesigen Wolf，der，halb verrückt vor Hunger，hinter uns herjagte[26] und immer näher und näher kam.

Ihm zu entwischen（〈jm.〉entwischen 逃离、摆脱）war aussichtslos（无望的）. Schon war er nur noch fünf Meter hinter uns — da warf ich mich，lang wie ich bin，auf den Boden des Schlittens，ließ die Zügel（m. 缰绳）los，und der Wolf，der eigentlich mich als Mahlzeit

23　guten Muts 是第二格形式的短语，在此用作伴随状语，意为"兴高采烈地"。

24　被恐惧驱赶着

25　森林一望无边，马儿突然狂奔起来，这暗示了接下来将会发生的令人惊心的一幕。

26　her/jagen 追赶，其后可接介词 hinter，表示追随的对象。

ausersehen[27] hatte, sprang über mich weg und
verbiss sich wütend in mein Pferd. Das
Hinterteil (n. 屁股、臀部) verschlang er, als
wär's nicht mehr als ein Stückchen Wurst, und
das arme Tier lief vor Schmerz und Schrecken
noch schneller als vorher. Als ich nach einiger
Zeit wieder hinblickte, sah ich voller Entsetzen
（震惊无比地）, dass sich der Wolf in das Pferd
förmlich（真正的）hineingefressen（hinein/
fressen 吞下）hatte![28]

　　Da setzte ich mich wieder hoch, ergriff die
Peitsche（f. 鞭子）und schlug wie besessen（疯
狂的）auf den Wolf ein（ein/schlagen 打、击）.
Das behagte（behagen 使……中意、愉快）ihm
gar nicht, und er fraß sich noch schneller
vorwärts. Ich schlug und schlug, und plötzlich
fiel das Pferd, oder was von ihm noch übrig
war, aus dem Geschirr（n. 挽具、马具）, und
der Wolf steckte darin![29] Mir tut mein Arm
heute noch weh, wenn ich daran denke, wie ich
stundenlang und pausenlos auf ihn mit der
Peitsche eindrosch（ein/dreschen 猛揍）.

　　Wir flogen nur so durch den Wald und über
die Felder, und dann galoppierten（galoppieren
疾驰）wir an den ersten Häusern einer großen
Stadt vorbei. Das war St. Petersburg, und die

27　jmdn./etw. als …
aus/ersehen 将某人/物
选定为……

28　马儿近乎被饿狼
吞下，居然还在急速奔
跑，此处又是明希豪森
的一个夸大之处。

29　可怜的马儿最终
命丧狼口，不过令人惊
讶的是，饿狼居然接替
了马儿的角色来拉雪
橇，明希豪森出于恐惧
而疯狂鞭打饿狼，回想
起来胳膊还在隐隐作
痛，这里的夸张之处令
人捧腹。

Leute auf den Straßen staunten（staunen 惊奇）
nicht schlecht. Denn einen Wolf, der einen
Schlitten zog, hatten sie noch nicht gesehen!

2 Tag

一位将军千杯不醉，这又是为何？明希豪森在好奇心的驱使下发现了将军的秘密并从中演绎出一个令人惊异的场景。

★ ★ ★

明希豪森捕猎野鸭的方式可谓别具色彩；他用樱桃核来替代子弹，被射中的鹿在几年后又以别样的姿态出现在他的眼前；狂犬病可以在人和人之间传播，可是明希豪森的衣物居然也染上了这种可怕的传染病；兔子跑得固然很快，但是明希豪森追逐这只兔子的时间居然长达两日……

Der trinkfeste General

Gleich nach meiner Ankunft（f. 抵达）in Petersburg hatte ich mich um ein Offizierspatent （n.军官委任状）beworben. Doch es dauerte noch einige Zeit, bis[1] ich in die russische Armee eingestellt werden konnte. Und so hatte ich reichlich（宽裕的）Zeit und Gelegenheit, mein Geld auszugeben. Bis in die Nacht spielten wir Karten. Ja, und getrunken wurde auch nicht gerade wenig! Denn in Russland ist es viele Monate kalt, und Trinken macht bekanntlich （众所周知）warm. Wer viel friert, trinkt viel und bekommt allmählich eine erstaunliche Übung darin. Ich lernte Leute kennen, die so viel trinken konnten, dass ich vom bloßen Zusehen einen Rausch kriegte. Was nicht heißen soll, dass ich immer nur zusah.[2]

Am meisten von allen vertrug[3] aber ein General mit grauem Bart und kupferrotem （kupferrot 赤铜色的）Gesicht. Im Krieg mit den Türken hatte er, bei einem Säbelkampf（m. 击剑搏斗）, die Schädeldecke（f. 颅盖）eingebüßt （ein/büßen 丢失）und behielt deswegen immer, auch wenn wir tafelten （tafeln 欢宴）, seinen Hut auf. Er leerte（leeren 喝光, 喝干）während des Essens mindestens

---

1　Konj. 直到, 这里为从句连词。

2　"这并不意味着我只是看。"这句说明明希豪森也加入了饮酒的人群当中。

3　vertragen 挺得住, 扛得住, 这里指某人的酒量大。

drei Flaschen Wodka（m. 伏特加）und hinterdrein（随后）noch eine Flasche Arrak（m. 烧酒）. Es kam aber auch vor, dass er zwei Flaschen Arrak trank. Doch soviel er auch trinken mochte — betrunken wurde er nie.[4]

Ich stand vor einem Rätsel（n. 谜）[5], bis ich hinter das seltsame Geheimnis kam. Der General pflegte etwa aller Stunden seinen Hut ein wenig hochzuheben（hoch/heben 举起, 抬起）. Und eines Abends bemerkte ich, dass er nicht nur den Hut hochhob, sondern auch eine daran befestigte silberne（silbern 银质的）Platte（f. 圆盘）, die ihm als künstliche（künstlich 人造的）Schädeldecke diente（dienen als 用作）. Auf diesem ungewöhnlichen Wege stieg der angesammelte[6] Alkoholdunst（m. 酒气）wie eine Wolke aus seinem Kopfe hoch, und er war wieder nüchtern（清醒的）wie zu Beginn der Mahlzeit.[7]

Meine Freunde wollten mir nicht glauben. Da trat ich einmal, als er eben den Hut wieder aufgesetzt hatte, hinter ihn und hielt einen Fidibus（m. 火纸）, den ich an meiner holländischen Pfeife angezündet hatte, mitten in die aufsteigende[8] Alkoholwolke. Das gab ein prächtiges Schauspiel! Denn die Wolke entzündete

4　将军酒量大且不醉, 这为下文明希豪森的惊人发现埋下了伏笔。

5　此句意为"我面临一个谜"。

6　an/sammeln 的第二分词形式, 意为"聚集了的"。

7　这里揭开了将军海量且不醉的原因。

8　aufsteigend 是 auf/steigen 的第一分词形式, 意为"上升着的"。

sich und schwebte, in bläulichem（**bläulich** 淡蓝色的）Feuer, wie ein Heiligenschein（**m.** 光环）über dem Hute des alten Herrn![9]

Alle bestaunten das Wunder. Und auch der General selber fand das kleine Experiment sehr hübsch. Ich durfte es manchmal wiederholen. Es kam sogar vor, dass er mich darum bat und schmunzelnd（**schmunzeln** 微微一笑地）sagte：»Münchhausen, zünden Sie mich, bitte, wieder einmal an!«[10]

Die Enten an der Schnur und andere Jagdgeschichten

Während der Jagd bemerkte ich eines schönen Morgens ein paar Dutzend Wildenten（**Wildente f.** 野鸭）, die friedlich auf einem kleinen See herumschwammen（**herum/schwimmen** 到处游动）. Hätte ich eine Ente geschossen, wären die anderen davongeflogen, und das wollte ich natürlich nicht. Da kam mir ein guter Gedanke[11]. Ich dröselte eine lange Hundeleine auf（**auf/dröseln** 把……拆成几股）, verknotete（**verknoten** 把……打结）die Teile, so dass sie nun viermal so lang war wie[12] vorher, und band an einem Ende ein Stückchen Schinkenspeck（**m.** 火腿肥肉）fest, das von

9　这一令人难以置信的场景为明希豪森那夸张的讲述增添了一分色彩。

10　此处描写出了将军的幽默感。

11　这句话的意思为"我想到了一个好主意"，也可以表达为 Da kam ich auf einen guten Gedanken。

12　句型 -mal so + Adj. + wie，意为"是……的几倍"。

meinem Frühstück übriggeblieben[13] war.

Dann versteckte ich mich im Schilf（n. 芦苇）und warf vorsichtig meine Leine aus（aus/werfen 抛出）. Schon schwamm die erste Ente herbei und verschlang（verschlingen 吞下）den Speck. Da er sehr glatt und schlüpfrig（滑溜溜的）war, kam er bald, samt[14] dem Faden, an der Rückseite der Ente wieder heraus. Da kam auch schon die nächste Ente angerudert[15] und verschlang das Speckstückchen. Auch bei ihr tauchte es kurz darauf hinten wieder auf, und so ging es weiter! Der Speck machte seine Reise durch alle Enten hindurch, ohne dass（没有）die Leine riss, und sie waren, daran aufgereiht（整齐排列地）wie die Perlen an einer Schnur.[16]

Ich zog meine Enten an Land, schlang die Leine sechsmal um mich herum und ging nach Hause. Die Enten waren sehr schwer, und ich war schon recht müde, da begannen die Enten, die ja alle noch lebendig waren, plötzlich mit den Flügeln（Flügel m. 翅膀）zu schlagen und stiegen in die Luft! Mit mir! Denn ich hatte ja die Leine um mich herumgewickelt（herum/wickeln 胡乱缠绕）! Sie schienen zu[17] dem See zurückfliegen zu wollen, aber ich benutzte

13 übrig/bleiben 剩余，这里使用了第二分词形式，意为"剩下的"。

14 Präp. 连同，后接第三格宾语。

15 动词原形为 anrudern，意为"划船"，此处为第二分词，表示"鸭子划着水过来"。

16 明希豪森用一根拴有火腿肥肉的细线穿过几只鸭子的腹腔，明希豪森的这个点子很不错。

17 这里使用了 scheinen + zu + Inf. 句型，意为"显得"。

meine langen Rockschöße (**Rockschoß m. 燕尾服的燕尾**) als Ruder (**n. 桨**), und so mussten die Enten umkehren.[18] Ich steuerte sie landeinwärts (**朝向陆地方向地**), bis wir nicht mehr weit von meiner Wohnung waren. Nun drehte ich der ersten Ente den Hals um, dann der zweiten, schließlich einer nach der andern und so sank ich, sanft und langsam, auf mein Haus herunter, mitten durch den Schornstein (**m. 烟囱**) und haargenau (**非常精准地**) auf den Küchenherd, wo die Enten ja hinsollten. Mein Koch staunte nicht schlecht! Zu meinem Glück brannte auf dem Herd noch kein Feuer. Sonst hätte es womöglich[19] Münchhausenbraten[20] gegeben, statt Entenbrust (**f. 鸭胸**) mit Preiselbeeren (**Preiselbeere f. 越橘**)!

  Ein andres Mal, aber im gleichen Jagdrevier (**n. 猎区**), stieß ich ganz unerwartet auf einen kapitalen (**kapital 健壮的**) Hirsch[21], und ausgerechnet an jenem Morgen hatte ich gerade die letzte Flintenkugel (**f. 火枪子弹**) verschossen! Das stattliche (**stattlich 魁梧的**) Tier schien das zu ahnen (**理解，明白**) und blickte mir, statt auszureißen[22], beinahe ein bisschen unverschämt (**放肆的**) ins Gesicht. Weil mich das ärgerte, lud ich meine Büchse

---

18　明希豪森急中生智，努力扳回了不利于自己的局面。

19　可能，相当于 vielleicht。

20　这里是一个复合词，意为"烤明希豪森"。

21　动词 stoßen 后支配介词 auf（A.），意为"遇见，碰见"。

22　aus/reißen 逃跑，溜掉，这里使用了 statt + zu + Inf. 句型，意为"替代"。

mit Pulver, streute eine Handvoll（f. 一把）
Kirschkerne（Kirschkern m. 樱桃核）drauf,
die ich in der Rocktasche gehabt hatte, zielte
zwischen das Geweih（n. 鹿角）des Hirsches
und schoss. Er taumelte（taumeln 蹒跚，踉跄），
als sei er betäubt（被麻醉的）[23], trabte dann
aber auf und davon.

Ein oder zwei Jahre danach jagte ich
wieder einmal im gleichen Revier, und plötzlich
tauchte vor mir ein prächtiger Hirsch auf, mit
einem vertikalen（vertikal 垂直的）Kirschbaum
zwischen dem Geweih![24] Warte! dachte ich,
diesmal entkommst（〈jm.〉entkommen 逃脱）
du mir nicht! Ich streckte ihn mit einem
Blattschuss nieder. Und da sein Kirschbaum
voller Kirschen hing, gab es am nächsten
Sonntag Hirschrücken mit Kirschtunke（f. 樱桃
酱）. Ich kann euch sagen, es war ein delikates
（delikat 美味的）Essen!

Eines Tages fiel mich ein fürchterlicher
（fürchterlich 可怕的）Wolf an, und zwar so
überraschend, dass ich nicht zum Schießen kam.
Mir blieb in der Eile nichts andres übrig, als
ihm die Faust in den offenen Rachen（m. 大口）
zu stoßen.[25] Ich stieß immer weiter zu, denn
was hätte ich sonst tun sollen? Schließlich hatte

23　这里使用的其实
是 als ob 句型的变体，
表示"好像"。

24　一两年后，射进两
只鹿角间的樱桃核居
然发芽成长，这一夸张
场景更加为本文增添
了有趣的色彩。

25　句型 nichts anderes
bleibt jmdm. übrig, als
etw. zu tun，表示"某人
除了……以外别无
选择"。

ich meinen Arm bis zur Schulter in dem schrecklichen Biest（n. 畜生）drin. Stirn an Stirn mit einem Wolf, dessen Maul schäumte （schäumen 起沫）und dessen flammende （flammend 愤怒的）Augen vor Mordlust（f. 杀意）blitzten — nein, sehr wohl war mir nicht! Ganz und gar nicht! Weil ich keinen anderen Ausweg sah, packte ich den Wolf endlich fest bei den Eingeweiden（Pl. 内脏）, krempelte（krempeln 卷起, 捋起）sein Inneres （n. 内部）nach außen, als wäre er ein Handschuh, warf ihn beiseite, ließ ihn im Walde liegen und ging erleichtert meiner Wege.[26]

Mit dem tollen Hund, der mich tags darauf in einem Petersburger Gässchen（n. 小巷子）anfiel, hätte ich das nicht probieren mögen. Lauf, was du kannst! dachte ich und rannte, was das Zeug hielt[27]. Währenddem（在此期间）zog ich den Überrock（m. 男外衣）aus und warf ihn auf die Straße. Der Hund fiel über den Rock her, und ich rettete mich in ein Haus.

Später ließ ich dann den Rock durch meinen Bedienten holen und, nachdem er ihn geputzt und ausgebessert（aus/bessern 修理）hatte, in den Kleiderschrank hängen. Am Nachmittag stürzte（stürzen 冲来）der Diener

26 明希豪森徒手制服恶狼，描述中虽有明显夸张吹嘘的成分，但却反衬出他的机智勇敢。这里依旧使用了 als ob 句型的变体，意为"好像"。

27 was das Zeug hält〈口〉竭尽全力

entsetzt in mein Zimmer und rief：»Herr Baron! Der Rock ist toll（发疯的）!« Ich lief mit ihm zum Kleiderschrank. Die meisten Röcke, Hosen und Westen hatte der tollwütige（**tollwütig 患狂犬病的**）Rock schon zerrissen und zerfetzt（**zerfetzen 扯破**）. Ich ließ mir eine Pistole bringen und konnte ihn gerade noch, als er über meine kostbarste Galauniform herfallen（扑向）wollte, totschießen（开枪打死）.[28]

Das ist übrigens der einzige in der Medizin bekanntgewordene Fall, dass die Hundetollwut auch Kleider ansteckt（**an/stecken 传染**）.

Einmal jagte ich einen Hasen zwei Tage lang. Mein Hund brachte ihn immer wieder heran, aber ich konnte und konnte nicht zum Schluss kommen. Es grenzte an Hexerei（**f. 妖术**）, und obwohl ich nicht an derlei glaube, wusste ich keine andre Erklärung. Endlich traf ich den Hasen. Der Hund apportierte（**appotieren 叼来**）ihn, und was, glaubt ihr, sah ich? Das Tier hatte nicht nur die üblichen vier Läufe, sondern auch noch zwei Vorder- und zwei Hinterläufe（**m. 后足，前缀 vorder-意为"前面的"，和 hinter-意思相反**）auf dem Rücken![29] Waren die zwei unteren Paare müde, warf er sich wie ein Schwimmer herum und rannte auf

28　衣物居然感染了狂犬病并疯狂对其他衣物进行撕咬破坏，读者在此一定会被这里虚构的描写所吸引。

29　常言道"两条腿儿跑不过四条腿儿"。在这里，我们可以将其理解为"四条腿儿跑不过八条腿儿"。

dem Rücken weiter. Na, nun war er allerdings tot, und dass er acht Läufe statt ihrer vier hatte, war nur noch für meine Gäste und mich wichtig, die ihn aufaßen. Es war eine Portion（f. 份）mehr.

Dass ich ihn überhaupt hatte schießen können, war im Grunde nicht mein Verdienst, sondern das meines damaligen Hundes. Es war ein Windhund（m. 灵缇）, und er übertraf（übertreffen 超过）an Schnelligkeit（f. 快速）und Ausdauer（f. 毅力）alle Hunde, die ich je besessen habe. Er lief so oft, so schnell und so lange, dass er sich mit der Zeit die Beine bis unterm Bäuche weglief! Während seiner letzten Lebensjahre konnte ich ihn deshalb nur noch als Dackel（m. 猎獾犬）gebrauchen. Aber auch als Dachshund war er erstklassig（一流的, 出色的）. Und ich werde sein Andenken（n. 纪念, 怀念）stets in Ehren halten（敬仰）.

3 Tag

一次偶然的机会，明希豪森得到了一件珍贵的礼物——一匹精良的立陶宛马，他随后骑着这匹马奔赴战场。在战场上，明希豪森又创造了一系列的奇闻，马掌匠把截成两半的马儿缝为一体，马背上的月桂嫩枝不断成长，最终成为一张绿色的斗篷。

★ ★ ★

明希豪森乘坐着自己军方发射的炮弹前去探测敌情，但因担心有去无回，故而跳上敌方发射的炮弹折返。在乘马跃过沼泽时几乎连人带马被吞没，急中生智的他顺利脱险，但最终仍不幸被俘，从而不得不为苏丹放牧。为了阻止偷蜜的熊，明希豪森用力甩出手中的银斧，不料却将斧子抛掷到月亮之上，为了取回银斧，他登上了月球……

Der halbierte Litauer

Dass ihr den Grafen Przobofsky in Litauen nicht gekannt habt, ist nicht weiter bedauerlich（令人遗憾的）. Aber seinen prachtvollen（prachtvoll 华丽的）Landsitz und vor allem sein berühmtes Gestüt（n. 养马场）zu kennen hätte sich schon verlohnt（sich〈A.〉verlohnen 值得）. Seine Zuchtpferde, man nannte sie kurzweg die »Litauer«, wurden mit Gold aufgewogen.[1]

Als ich eines schönen Tages bei dem Grafen zum Tee war, ging er mit ein paar Herren in den Hof, um ihnen eines seiner jungen Pferde zu zeigen. Ich blieb im Staatszimmer bei den Damen, um sie mit meinen Geschichten zu unterhalten. Plötzlich hörten wir entsetzte Schreie. Ich eilte treppab（下楼梯）in den Hof, wo das Pferd so wild um sich schlug（um sich〈A.〉schlagen 踢腾）, dass sich ihm niemand zu nähern[2], geschweige（Konj. 更别提）es zu besteigen wagte（wagen 敢于）. Das war mir gerade recht. Mit einem Sprung saß ich auch schon auf seinem Rücken, und in kurzer Zeit parierte（parieren 勒住）es wie ein Lämmchen（n. 小羊羔）. Man muss eben reiten können![3]

1　马儿要由黄金抵偿，由此可见其珍贵程度。auf/wiegen 抵偿，这里用了被动态形式。

2　sich（A.）（jmdm.）nähern 靠近，其后接第三格宾语。

3　马儿性子很烈，无人能够征服，明希豪森却驯服了它。

Nach einigen Volten（Volte f. 环骑）zwang ich den Gaul, durch eines der offenen Fenster ins Staatszimmer zu springen und von dort aus sogar auf den Teetisch（m. 茶几）, auf dem ich die Levade und andere Kapriolen（Kapriole f. 飞跃）der Hohen Schule zeigte. Mein Pferdchen machte das alles so geschickt（灵巧地）, dass die Damen entzückt（陶醉的）waren. Nicht ein einziger Teller ging entzwei.[4] Der Graf war so begeistert, dass er mich bat, den Litauer zum Geschenk anzunehmen. Für den Türkenfeldzug（m. 土耳其远征）, der unter Feldmarschall（m. 陆军元帅）Münnich bevorstand（bevor/stehen 即将到来）.

Als wir die Türken, zwei Monate später, in die Festung Otschakow hineintrieben, befand ich mich bei der Vorhut（f. 前卫）und geriet durch die Schnelligkeit meines Litauers in des Teufels Küche[5]. Ich war mit Abstand der erste hinterm Feind, und als ich sah, dass er die Festung nicht halten wollte, sondern stracks（径直地）weiterfloh, hielt ich auf dem Marktplatz an und blickte mich um. Aber weder der Trompeter（m. 吹号手）noch meine anderen Husaren（Husar m. 穿匈牙利式制服的轻骑兵）waren zu sehen. So ritt ich den Litauer zum

4 骑马穿过房间却没有弄破一个盘子，这反衬出了明希豪森精湛的马术。

5 in（des）Teufels Küche geraten 陷入困境

Marktbrunnen und ließ ihn trinken. Er soff
（saufen 饮水）ganz unmäßig（过量的），als
wäre sein Durst überhaupt nicht zu löschen.
Schließlich wollte ich ihm einen beruhigenden
Klaps（m. 轻拍）auf die Kruppe（f. 马屁股）
geben und schlug ins Leere! Als ich mich
verwundert umdrehte, blieb mir der Mund
offenstehen! Was meint ihr wohl, was ich sah?
Nichts! Das Hinterteil des armen Tieres, das
Kreuz（n. 腰骶部）und die Flanken（Flanke f.
马 的 胁 腹）, alles war fort[6] und wie
abgeschnitten! Und das Wasser, das der Gaul
soff und soff, floss hinten einfach wieder
heraus![7]

    Während ich noch grübelte, wie das
zugegangen（zu/gehen 发生，出现）sein
mochte, kam mein Reitknecht（m. 马夫）
angaloppiert[8] und berichtete mir atemlos（气喘
吁 吁 地）folgendes: Als ich hinter dem
fliehenden[9] Feinde durch das Festungstor ritt,
hatte man gerade das Schutzgatter（n. 防护栅
栏）fallen lassen, und dadurch war das
Hinterteil des Pferdes glatt abgeschlagen[10]
worden! Es war dann auf eine nahe gelegene
Weide getrabt, wo schon andere Pferde grasten
（grasen 吃草）. Dort, meinte der Husar,

6　不见了的，等同于
weg。

7　马儿被齐腰斩断，
其所饮之水均从断口
处倾泻而出，所以马儿
饮个不停。

8　奔驰而来地，这里是
可分动词 an/galoppieren
的第二分词形式，在此
充当副词。

9　逃跑而来的，这里
是动词 fliehen 的第一
分词形式，在此充当形
容词。

10　ab/schlagen 打掉，
打落，这里指的是马的
后半身被生生截断。

würden wir's wahrscheinlich wiederfinden.

　　Wie der Wind[11] jagten wir zu der Weide zurück und fanden dort tatsächlich die hintere Hälfte des Litauers, die munter im Gras umhersprang（umher/springen 到处乱蹦）![12] Da war die Freude groß. Ich ließ auf der Stelle den Regimentshufschmied（m. 团部马掌匠）kommen. Ohne großes Federlesen[13] heftete dieser die beiden Teile mit jungen Lorbeersprossen（尤 Spross）[14] zusammen（zusammen/heften 把……缝在一起）, die er zufällig bei der Hand hatte. Die Wunde heilte in ein paar Tagen. Und dann geschah etwas, was einem so ruhmvollen（ruhmvoll 负有盛名的）Pferde gut zu Gesicht stand. Die Sprossen wuchsen mit der Zeit und wölbten sich（sich〈A.〉wölben 拱起, 隆起）zu einer Art Lorbeerlaube über dem Rücken. Seitdem ritt ich im Schatten seines immergrünen Schmucks durch die Lande, und wir wurden überall gebührend（理所当然地）bestaunt.[15]

　　Übrigens, vor der Festung Otschakow hatte ich mit meinem Husarensäbel so heftig und so lange auf die Türken eingehauen（ein/hauen 痛击）, dass mein Arm, als sie längst über alle Berge[16] waren, ununterbrochen weiterfocht（weiter/fechten 继续劈砍）. Um mich nun

11　像风一样地, 在此形容速度之快

12　当明希豪森像一阵风似的跑回草原, 马儿的后半身还在草原上胡乱蹦跶。

13　直截了当地

14　m. Lorbeer 月桂; m. Spross 幼芽, 嫩枝

15　团部马掌匠用手头的月桂嫩枝把被截断的马儿缝在了一起, 月桂长成了伞盖状, 所到之处, 引起阵阵惊叹之声。这一处颇似前面所说的鹿头上长出樱桃树这一情景。

16　逃之夭夭

nicht selber zu schlagen oder Leute, die mir zu nahe kamen, für nichts und wieder nichts zu prügeln, musste ich den Arm acht Tage ganz fest in einer Binde (f. 绷带) tragen.[17] Dann war er in Ordnung, und ich habe seitdem nichts mehr davon gemerkt.

Der Ritt auf der Kanonenkugel und andere Abenteuer

Im gleichen Feldzug belagerten (belagern 包围) wir eine Stadt — ich habe vor lauter Belagerungen vergessen, welche Stadt es war, und Marschall Münnich hätte gerne gewusst, wie es in der Festung stünde. Aber es war unmöglich, durch all die Vorposten (m. 前哨), Gräben und spanischen Reiter hineinzugelangen (hinein/gelingen 进入).[18]

Vor lauter Mut und Diensteifer (f. 激情, 热情)[19], und eigentlich etwas voreilig (鲁莽的, 草率的), stellte ich mich neben eine unserer größten Kanonen (Kanone f. 大炮), die in die Stadt hineinschoss (hinein/schießen 射入), und als sie wieder abgefeuert (ab/feuern 发射) wurde, sprang ich im Hui (嗖一下子) auf die aus dem Rohr herauszischende (herauszischend 嘶嘶发射而出的) Kugel! Ich

17　为了改变用胳膊砍杀的习惯动作，明希豪森用绷带把他的胳膊绑了八天。这一处与前面所说的鞭打饿狼留下的持久疼痛也有着相似之处。

18　元帅想要知道敌军的情况，但是却苦于无法前往。

19　这里的短语意为"出于极大的勇敢和激情"。

wollte mitsamt der Kugel in die Festung hineinfliegen![20] Während des sausenden (sausend 嗖嗖作响的) Flugs wuchsen allerdings meine Bedenken. Hinein kommst du leicht, dachte ich, aber wie kommst du wieder heraus? Man wird dich in deiner Uniform als Feind erkennen und an den nächsten Galgen (m. 绞刑架) hängen!

Diese Überlegungen machten mir sehr zu schaffen[21]. Und als eine türkische Kanonenkugel, die auf unser Feldlager gemünzt, war, an mir vorüberflog, schwang ich mich auf sie hinüber und kam, wenn auch unverrichteter (unverrichtet 未完成的) Sache, so doch gesund und munter wieder bei meinen Husaren an.[22]

Im Springen über Zäune (Zaun m. 篱笆), Mauern und Gräben war mein Pferd nicht zu schlagen. Hindernisse (Hindernis n. 障碍) gab es für uns nicht. Wir ritten immer den geradesten Weg. Als ich einmal einen Hasen verfolgte, der quer über die Heerstraße (f. 军用公路) lief, fuhr zwischen ihm und mir dummerweise (愚蠢地) eine Kutsche mit zwei schönen Damen vorüber. Da die Kutschenfenster (n. 马车车窗) heruntergelassen (放下来的) waren und ich den Hasen nicht aufgeben (放

20 明希豪森临危不惧,乘坐着己方发射的炮弹前去探测敌情。

21 短语 jmdm. zu schaffen machen 意为"让某人苦恼"。

22 在飞往敌营的途中,明希豪森担心被敌人认出并被绞死,故而随机应变,跳至敌方发射而来的炮弹上返回了自己的阵地。

弃）wollte, sprang ich samt dem Gaul kurz entschlossen（果断地）durch die Kutsche hindurch! Das ging so schnell, dass ich mit knapper Mühe und Not die Zeit fand, den Hut zu ziehen und die Damen um Entschuldigung zu bitten.[23]

Ein anderes Mal wollte ich mit meinem Litauer über einen Sumpf（m. 沼泽）springen. Bevor ich sprang, fand ich ihn lange nicht so breit wie während des Sprungs. Nun, wir wendeten mitten in der Luft um und landeten mit heiler Haut[24] auf dem Trocknen. Aber auch beim zweiten Anlauf sprangen wir zu kurz und sanken, nicht weit vom anderen Ufer, bis an den Hals in den Morast（m. 泥浆）! Und wir wären rettungslos（无可救药地）umgekommen（um/kommen 死亡）, wenn ich mich nicht, ohne mich lange zu besinnen（sich〈A.〉besinnen 思考）, mit der eignen Hand am eignen Haarzopf（m. 辫子）aus dem Sumpf herausgezogen hätte! Und nicht nur mich, sondern auch mein Pferd! Es ist manchmal ganz nützlich, kräftige Muskeln（Muskel m. 肌肉）zu besitzen.[25]

Trotz meiner Tapferkeit und Klugheit und trotz meines Litauers Schnelligkeit und Ausdauer

23　明希豪森马术卓越出众，能够轻松越过行驶中马车的车窗并向马车内的女士们挥手致意。

24　安然无恙地

25　抓住自己的辫子将自己以及胯下之马拽出沼泽，这一虚构的场景被明希豪森描绘得淋漓尽致。

geriet ich, nach einem Kampf mit einer vielfachen Übermacht, in Kriegsgefangenschaft[26]. Und was noch schlimmer ist: ich wurde als Sklave（m. 奴隶）verkauft！ Das war ein rechtes Unglück, und wenn meine Arbeit auch nicht gerade als Schwerarbeit zu bezeichnen war, so war sie nicht nur recht seltsam, sondern auch ein bisschen lächerlich oder ärgerlich, wie man will. Ich musste nämlich die Bienen des türkischen Sultans（Sultan m. 苏丹）jeden Morgen auf die Weide（f. 草地）treiben！ Dort musste ich sie, als wären's Ziegen oder Schafe, den ganzen Tag über[27] hüten（放牧）. Und am Abend musste ich sie wieder in ihre Bienenstöcke（Bienenstock m. 蜂房）zurückscheuchen（赶回）.[28]

Eines Abends sah ich nun, dass zwei Bären eine der Bienen angefallen（an/fallen 袭击）hatten und sie, ihres eingesammelten[29] Honigs wegen, zerreißen wollten. Da ich nichts in der Hand hatte als meine silberne Axt（f. 长柄斧子）, die das Kennzeichen für die Sultansgärtner（m. 苏丹的园丁）ist, so warf ich die Axt mit aller Wucht（f. 力量）nach den beiden Räubern（Räuber m. 强盗）. Doch sie traf die Bären nicht, sondern flog an ihnen vorbei[30], stieg,

26　f. 俘虏，in Kriegsgefangenschaft geraten 成为俘虏

27　一整天

28　明希豪森被俘且被卖为奴隶，他要在草原上为苏丹放蜂。

29　动词原形为ein/sammeln，意为"收集"，此处为第一分词作定语，表示"收集好的"。

30　vorbei/fliegen 飞过，其用法为 etwas fliegt an jmdm. vorbei。

030 | TAG 3

infolge（Präp. 因 为，等 同 于 wegen）des
gewaltigen（gewaltig 强 有 力 的）Schwungs
（Schwung m. 推动），höher und höher und fiel
erst, wo glaubt ihr, nieder? Auf dem Mond![31]

Was tun? Wie sollte ich sie wiederkriegen?
Wo gab es so lange Leitern（Leiter f. 梯子）?
Zum Glück fiel mir ein, dass die türkischen
Bohnen in kürzester Frist erstaunlich
emporwachsen（向上生长）. Ich pflanzte sofort
eine solche Bohne, und sie wuchs doch
tatsächlich bis zum Mond hinauf und rankte sich
（sich ranken 缠绕）um die eine Spitze（f. 尖
儿，这里指月牙的尖端部分）der Mondsichel
（f. 蛾眉月）! Nun war es eine Kleinigkeit,
hinaufzuklettern, und eine halbe Stunde später
fand ich auch meine Axt wieder, die auf einem
Haufen Spreu（f. 谷壳）und Häcksel（m. 剁碎
的干草）lag.

Ich war heilfroh und wollte schleunigst in
die Türkei zurückklettern（爬回），aber ach!
die Sonnenhitze hatte meine Kletterbohne völlig
ausgetrocknet（aus/trocknen 烤干），und sie
war zu nichts mehr zu gebrauchen! Ohne langes
Federlesen flocht（flechten 编织）ich mir aus
dem Mondhäcksel einen Strick（m. 绳索），den
ich an einem der Mondhörner（Mondhorn n. 月

31 明希豪森发现两
只熊在偷食蜂蜜，故而
将手中长斧投向它们，
但因用力过猛而将银
斧甩至月球之上。

牙尖儿) festband (fest/binden 绑牢, 扎紧).
Dann ließ ich mich vorsichtig hinunter. Nach
einiger Zeit hieb ich mit meiner silbernen Axt
das überflüssig (多余的) gewordene Stück über
mir ab (ab/hauen 砍下) und knüpfte es unter
mir wieder an (an/knüpfen 接上). Das ging
eine ganze Weile gut, aber mit einem Male, als
ich noch in den Wolken hing, riss der Strick!
Und ich stürzte mit solcher Gewalt auf Gottes
Erdboden, dass ich etwa zehn Meter tief in die
Erde hineinfiel! Mir taten alle Knochen weh.
Doch nachdem ich mich etwas erholt hatte, grub
ich mir mit den Fingernägeln, die ich
glücklicherweise zehn Jahre nicht geschnitten
hatte, eine Treppe ins Erdreich (n. 土地),
stieg auf dieser hoch und kehrte zu meinen
Bienen zurück.[32]

 Das nächste Mal fing ich's mit den Bären
gescheiter (gescheit 理智的) an. Ich bestrich
(bestreichen 涂抹) die Deichsel (f. 车杠)
eines Erntewagens mit Bienenhonig und legte
mich nicht weit davon in den Hinterhalt (m. 埋
伏地点). Was ich erwartet hatte, trat ein. Vom
Duft des Honigs angelockt (an/locken 吸引),
erschien bald darauf ein riesiger Bär und begann
an der Deichselspitze so gierig zu lecken, dass

32 明希豪森从月球
归来这一段的描写中
含有很多夸大成分, 如
从月亮上返回地球时
砍断上端绳子并接在
下方, 进而掉在地上砸
出深深的坑, 最后用指
甲挖出楼梯走出, 这些
场景虽然纯属虚构, 但
却被他描述得有声
有色。

er sich nach und nach die ganze Deichselstange durch den Rachen, den Magen und den Bauch hindurch und am Hinterteil wieder herausleckte. Er stak（stecken 穿入，插入）wie am Spieße（Spieß m. 铁扦）. Nun lief ich rasch hinzu, steckte durch das vordere Deichselende einen Pflock（m. 桩子）und ließ Meister Petz（m. 老熊）bis zum nächsten Morgen zappeln.[33] Der Sultan, der zufällig vorbeispazierte, wollte sich fast totlachen（sich〈A.〉tot/lachen 笑死）.

33　明希豪森设法整蛊了贪食的熊，手段和他先前猎鸭如出一辙。

Kurz darauf schlossen die Russen und die Türken Frieden[34], und ich wurde als einer der ersten Gefangenen ausgeliefert（aus/liefern 转交）und nach Petersburg zurückgeschickt. Dort nahm ich meinen Abschied und kehrte nach Deutschland zurück. Es war ein so strenger Winter, dass sogar die Sonne Frostbeulen（Frostbeule f. 冻疮）bekam,[35] und ich fror noch viel mehr als auf der Hinreise.

34　Frieden schließen 缔结和平

35　连太阳都得了冻疮，由此可见严寒的程度。

Da mein Litauer von den Türken beschlagnahmt（beschlagnehmen 没收占有）worden war, musste ich mit der Schlittenpost reisen. In einem Hohlweg（m. 狭路）, der kein Ende nehmen wollte, bat ich den Postillon（m. 驿站车夫）, mit seinem Horn ein Signal zu blasen, damit wir nicht etwa mit einem uns entgegenkommenden[36] Fuhrwerk（n. 马车）zusammenstießen. Er setzte das Posthorn an die Lippen und blies aus Leibeskräften[37] hinein. Aber sosehr er sich anstrengte, es kam kein Ton heraus! Trotzdem erreichten wir die nächste Poststation gesund und munter und beschlossen, Rast（f. 休息）zu machen und uns von den Strapazen（Strapaze f. 劳累, 辛苦）zu erholen. Der Postillon hängte sein Horn an einen Nagel beim Küchenfeuer. Und wir setzten uns zum Essen.

Auf einmal erklang's » Tereng, tereng, tereng, tengteng!« Wir sperrten die Ohren auf und machten große Augen[38]. Dann merkten wir, warum der Postillon nicht hatte blasen können. Die Töne waren in dem Horn festgefroren（fest/frieren 冻僵, 冻硬）! Nun tauten sie nach und nach（慢慢地）auf（auf/tauen 解冻）, und es wurde ein richtiges Tafelkonzert（n. 宴会音乐会）daraus.[39] Wir hörten unter anderem（此外）»Ohne Lieb' und ohne Wein «, » Gestern Abend war Vetter Michel da « und sogar das schöne Abendlied »Nun ruhen alle Wälder«.

So endete der Spaß mit dem Posthorn, und damit endet zugleich meine russische

36 动词原形为 entgegen/kommen, 意为"向……迎面而来", 此处为第一分词作定语, 表示"迎面驶来的"。

37 拼命地

38 große Augen machen 瞪大眼睛, 表示惊讶

39 号角先前不能发声, 后来又自动响起。原来它里面的声响也像液体一般被冻住, 解冻后它又能够自动发声演奏。

034 | TAG 3

Reisegeschichte. Sollten womöglich einige Leser glauben, ich hätte bis hierher dann und wann[40] gelogen, so rate ich ihnen in ihrem eigensten Interesse, das Buch zuzuschlagen（zu/schlagen 合上）. Denn auf der nächsten Seite bereits folgen Abenteuer, die noch wunderbarer als die bisherigen, aber ebenso wahr sind.

40　有时

4 Tag

　　日行千万里者，能够听到青草生长声音的人，百发百中的神枪手，力大无比、可以拖走整片森林的大力士，以及从鼻孔中喷出强风者，这些奇人异士都成为了明希豪森的好朋友。在明希豪森和土耳其苏丹的一场打赌当中，这些人又会如何发挥自身的特长来帮助他们的好友明希豪森呢？

Die Wette mit dem Sultan

Nach Jahren kam ich wieder in die Türkei. Diesmal aber nicht als Kriegsgefangener, sondern als Mann von Rang und Namen (有身份名气的).[1] Einige Botschafter (m. 大使) stellten mich dem Sultan vor, der mich beiseite (到一边) nahm und bat, einen ebenso wichtigen wie geheimen Auftrag für ihn in Kairo (开罗,埃及首都) zu erledigen. Ich sagte zu (zu/sagen 答应,允诺) und reiste kurz danach mit Pomp (m. 排场,阔气) und Gefolge (n. 随行人员) ab.

Kaum hatten wir Konstantinopel[2] verlassen, sah ich einen kleinen, dünnen Mann rasch wie ein Wiesel (m. 黄鼠狼) querfeldein[3] rennen, und als er näher kam, entdeckte ich zu meinem Befremden[4], dass er an jedem Bein ein Bleigewicht (n. 铅制重物) von gut fünfzig Pfund trug.[5] » Wohin so schnell? «, rief ich. »Und was sollen die Gewichte?« »Ach«, meinte er, »ich bin vor einer halben Stunde in Wien weggelaufen und will mir in Konstantinopel eine neue Stellung suchen. Die Bleigewichte trag' ich nur, damit ich nicht zu schnell renne. Ich hab' ja heute keine Eile[6].« Der Mann gefiel mir. Ich fragte, ob er mit mir reisen wolle. Und da wir rasch handelseinig[7] wurden, zog er mit uns

1　明希豪森再次来到了土耳其,不过这次他不再是战俘,而是以大使的身份前往的。

2　君士坦丁堡,现名为伊斯坦布尔,是土耳其境内知名的国际大都市。

3　越过田野,这里说的是像黄鼠狼一样越过田野。

4　zu jmds. Befremden 感到诧异

5　双脚绑着铅锤还能跑得如此飞快,如果没有铅锤的束缚,那速度可想而知。

6　Eile haben 着急

7　成交的,这里意为"达成一致"。

weiter. Durch manche Stadt und durch manches Land.

Eines Tages sah ich, nicht weit vom Weg, einen Mann in einer Wiese liegen. Er presste sein Ohr auf den Boden, als wolle er die Maulwürfe（Maulwurf m. 鼹鼠）bei ihrer Unterhaltung belauschen（偷听,窃听）. Als ich ihn fragte, was er da treibe, gab er zur Antwort：»Ich höre das Gras wachsen.[8]« »Das kannst du?« fragte ich. »Eine Kleinigkeit（f. 小事儿）für mich«[9], meinte er. Ich engagierte ihn auf der Stelle（当场）. Leute, die das Gras wachsen hören, kann man immer einmal brauchen.

An diesem Tage hatte ich überhaupt Glück. Auf einem Hügel gewahrte（gewahren〈雅〉发觉）ich einen Jäger, der das Gewehr angelegt hatte und damit Löcher in die Luft schoss. »Was soll das?« fragte ich. »Wonach zielst（zielen 瞄准）und schießt du?« »Ach«, sagte er, »ich probiere nur das neue Kuchenreutersche Gewehrmodell aus. Auf der Turmspitze des Straßburger[10] Münsters saß eben noch ein kleiner Sperling（m. 麻雀）. Den hab' ich heruntergeschossen（herunter/schießen 开枪射下来）.[11]« Dass ich den Jäger mitnahm, versteht

8 动词 hören 可在句末加上另一个动词不定式,如 jmd./etw. + Inf. + hören 表示"听到某人/物在做……"。

9 能够听见青草生长的声音并声称这只是小事一桩,我们可以看出这位男士的超凡本领。

10 斯特拉斯堡的,斯特拉斯堡现为一个紧邻德法边境的法国城市。

11 土耳其距离法国的距离很遥远,但是这位猎人却在土耳其用枪射下法国境内一座城市教堂塔尖的麻雀,由此可见其枪法好生了得。

sich von selbst[12].

Wir zogen weiter und weiter, und eines Tages kamen wir am Libanongebirge vorüber. Dort stand, vor einem Zedernwald (m. 雪松林), ein untersetzter (**untersetzt** 敦实的), kräftiger Bursche und zerrte (**zerren** 拖, 拽) an einem Strick, den er um den ganzen Wald geschlungen hatte.[13] »Was soll das?« fragte ich erstaunt. »Ach«, sagte er, »ich soll Holz holen und habe die Axt zu Hause liegenlassen!« Mit diesen Worten riss er auch schon den Wald, mindestens einen Hektar (m. 公顷) im Umfang (m. 范围, 规模), nieder. Was tat ich? Natürlich nahm ich ihn mit. Er verlangte eine ziemlich hohe Schwerarbeiterzulage (f. 重体力劳动津贴), aber ich hätte ihn nicht auf dem Libanon (黎巴嫩) gelassen, auch wenn es mich mein ganzes Botschaftergehalt (n. 大使的薪金) gekostet hätte.

Als ich endlich in Ägypten eintraf, erhob sich mit einem Male ein solcher Sturm, dass wir samt den Pferden und Wagen umgeworfen (**um/werfen** 撞倒) und fast in die Luft gehoben[14] wurden! In der Nähe standen sieben Windmühlen, deren Flügel (m. 风车的翼) sich wie verrückt um ihre Achsen (**Achse** f. 轴)

12 不言而喻

13 因为忘记携带斧子而徒手用一根绳索将一片树林拖走,这个人的力气可真是大得惊人。

14 抛到空中

drehten. Nicht weit davon lehnte ein dicker Kerl
（m. 家伙）, der sich mit dem Zeigefinger das
rechte Nasenloch（n. 鼻孔）zuhielt（zu/halten
堵住）. Als er uns in dem Sturm zappeln und
krabbeln（爬行）sah, nahm er den Finger von
der Nase und zog höflich den Hut. Mit einem
Schlag（一下子）regte sich kein Lüftchen
mehr, und alle sieben Windmühlen standen still.
» Bist du des Teufels? « rief ich ärgerlich.
»Entschuldigen Sie vielmals, Exzellenz（f. 阁
下）«, sagte er, » ich mach' nur für den
Windmüller ein bisschen Wind. Wenn ich mir
nicht das rechte Nasenloch zugehalten hätte,
stünden die Windmühlen gar nicht mehr auf
ihrem alten Platz.[15]« Ich engagierte ihn auf der
Stelle.

    Wir zogen weiter nach Kairo. Als ich mich
dort meines geheimen Auftrags entledigt[16] hatte,
entließ ich das gesamte Gefolge und behielt nur
den Schnellläufer, den Horcher, den Jäger, den
starken Burschen vom Libanon und den
Windmacher in meinen Diensten.

    Beim Sultan stand ich nach der ägyptischen
Reise in noch viel höherer Gunst als vorher.
Jeden Mittag und Abend aßen wir zusammen,
und ich muss sagen, dass seine Küche besser

15　一个鼻孔喷出的
气流就足以使风车快
速旋转,两个鼻孔喷出
的气流就会吹跑风车,
这是这位奇人的特异
功能。

16　sich etw.（G.）
entledigen 完成某事

war als die aller übrigen Herrscher, mit denen ich gespeist (speisen 用膳, 进食) habe. Aber mit den Getränken sah es bitter aus, o jeh[17]! Denn die Mohammedaner[18] dürfen bekanntlich keinen Wein trinken. Das bereitete mir keinen geringen Kummer (m. 忧愁). Und, wie mir schien, dem Sultan selber auch.

Eines Tages gab er mir nach dem Essen einen verstohlenen (verstohlen 悄悄的) Wink (m. 示意), ihm in ein kleines Kabinett zu folgen. Nachdem er die Tür abgeriegelt (ab/riegeln 闩上) hatte, holte er aus einem Schränkchen eine Flasche hervor (hervor/holen 取出) und sagte: »Das ist meine letzte Flasche ungarischen (ungarisch 匈牙利的) Tokayers[19]. Die Christen verstehen etwas vom Trinken, und Sie, Münchhausen, erst recht. Nun, so etwas Delikates[20] haben Sie in Ihrem ganzen Leben noch nicht getrunken!«[21]

Er schenkte uns beiden ein, wir tranken, und er meinte: »Was halten Sie davon?« »Ein gutes Weinchen«, antwortete ich, » trotzdem steht fest, dass ich in Wien, bei Kaiser Karl dem Sechsten, ein noch viel besseres getrunken habe. Das sollten Majestät (f. 陛下) einmal versuchen!« »Ihr Wort in Ehren, Baron. Aber

17　语气词，用在表示不满遗憾之时

18　m. 伊斯兰教徒。该词在德语中曾被作为 Muslim 的同义词使用，但因受到穆斯林的反对，目前在日常使用中应予以避免。

19　m. 托考伊甜酒，也写作 Tokajer

20　这里是形容词 delikat 的名词化形式，意为"美味的东西"。

21　富甲天下的土耳其苏丹敝帚自珍，将一小瓶托考伊甜酒视为举世无双，可见他目光狭隘，夜郎自大。

einen besseren Tokayer gibt es nicht! Ich bekam ihn seinerzeit von einem ungarischen Grafen geschenkt, und er schwor mir, es sei der beste weit und breit!«

» Was gilt die Wette?« rief ich. » Ich schaffe in einer Stunde eine Flasche aus den kaiserlichen Kellereien in Wien herbei（herbei／schaffen 弄来，搞到）, und dann sollen Sie Augen machen!«» Münchhausen, Sie faseln （胡扯）!«»Ich fasle nicht, Majestät! In sechzig Minuten wird eine Flasche aus dem kaiserlichen Keller in Wien hier vor uns auf dem Tisch stehen, und gegen diesen Wein ist der Ihre der reinste Krätzer（m. 蒂罗尔甜酒）!«

Der Sultan drohte mir mit dem Finger.»Sie wollen mich zum besten haben[22], Münchhausen! Das verbitte ich mir[23]! Ich weiß, dass Sie es mit der Wahrheit sehr genau zu nehmen pflegen. Doch jetzt schwindeln Sie, Baron!«» Machen wir die Probe!« sagte ich.»Wenn ich mein Wort nicht halte, dürfen mir Kaiserliche Hoheit den Kopf abschlagen（砍下）lassen! Und mein Kopf ist ja schließlich kein Pappenstiel（m. 不值钱的东西）! Was setzen Sie dagegen?[24]«

»Ich nehme Sie beim Wort«, erwiderte der Sultan.» Foppen（戏弄）lasse ich mich auch

22 jn. zum besten haben 戏弄某人

23 sich （D.）etw. verbitten 不允许某事发生

24 有了身边这些具备特异功能的朋友，明希豪森信心十足，勇敢接受了苏丹的挑战。

von meinen Freunden nicht gern. Steht die Flasche Schlag vier nicht auf diesem Tisch, kostet es Sie den Kopf. Wenn aber Sie die Wette gewinnen, dürfen Sie aus meiner Schatzkammer（f. 宝库）so viel Gold, Silber, Perlen und Edelsteine（Edelstein m. 宝石）nehmen, wie der stärkste Mann nur zu schleppen（拖拽）vermag!²⁵«»Topp!« rief ich. »Das lässt sich hören!« Dann bat ich um Tinte und Feder und schrieb an die Kaiserin Maria Theresia folgenden Brief: »Ihre Majestät haben als Universalerbin（f. 单独继承人）Ihres höchstseligen Herrn Vaters gewiss auch dessen Weinkeller geerbt. Dürfte ich darum bitten, meinem Boten eine Flasche Tokayer mitzugeben? Doch, bitte, nur von dem allerbesten! Denn es handelt sich um eine Wette, bei der ich nicht den Kopf verlieren möchte. Im Voraus（提前）herzlichen Dank! Ihr sehr ergebener（ergeben 〈旧〉忠诚的）Münchhausen.«

Das Briefchen gab ich meinem Schnellläufer. Er schnallte seine Bleigewichte ab（ab/schnallen 解开）und machte sich augenblicklich auf die Beine. Es war fünf Minuten nach drei. Der Sultan und ich tranken dann den Rest seiner Flasche aus und schauten gelegentlich nach der

25　土耳其苏丹目中无人，在打赌时夸下海口。

Wanduhr hinüber. Es wurde Viertel vier. Es wurde halb vier. Als es drei Viertel vier schlug, ohne dass sich mein Läufer blicken ließ, wurde mir allmählich schwül zumute[26]. Der Sultan blickte bereits verstohlen auf die Glockenschnur. In kurzer Zeit würde er nach dem Henker（m. 刽子手）läuten（传唤）.[27]

Ich bat um die Erlaubnis, in den Garten gehen zu dürfen. Der Sultan nickte, gab aber ein paar Hofbeamten den Auftrag, mir auf den Fersen zu bleiben[28]. Drei Uhr und fünfundfünfzig Minuten wurde ich so nervös, dass ich nach meinem Horcher und dem Jäger schickte. Der Horcher warf sich platt auf die Erde（sich〈A.〉auf die Erde werfen 扑倒在地）und erklärte kurz darauf, dass der Läufer, weit weg von hier, im tiefsten Schlaf läge und aus Leibeskräften schnarche[29]! Der Schütze rannte auf eine hochgelegene Terrasse, sah durchs Gewehrvisier und rief außer sich[30]: »Wahrhaftig（真的）, da liegt er! Unter einer Eiche（f. 橡树）bei Belgrad[31]! Und die Flasche mit Tokayer liegt neben ihm! Warte, mein Lieber!« Dann zielte er und schoss in die Luft （朝天空瞄准放枪）. Was geschah? Die Kugel traf die Eiche, unter welcher der Bursche

26 用于短语 jmdm. ist ... zumute, 表示某人心情如何。

27 这里表面是在描写土耳其苏丹和明希豪森的一场赌局, 但是苏丹冷酷无情, 他不允许别人挑战他的权威。

28 jmdm. auf den Fersen zu bleiben 跟着某人

29 schnarchen 打鼾, 整句意为"熟睡并大声打鼾"。
30 急得不得了

31 贝尔格莱德, 现为塞尔维亚共和国首都。

schnarchte. Blätter, Zweige und Eicheln
（Eichel f. 橡子）prasselten（prasseln 噼噼啪啪
作响）ihm aufs Gesicht. Er sprang auf, nahm
die Flasche, raste los und langte fünf Minuten
vor vier vor des Sultans Kabinett an![32] Mir fiel
ein Stein vom Herzen[33].

　　Der Sultan probierte sofort den Tokayer.
Dann meinte er:»Ich hab' die Wette verloren,
Münchhausen.« Nachdem er die Flasche in
seinem Schränkchen fest verschlossen hatte,
klingelte er dem Schatzmeister（m. 宝库管理人
员）und sagte:» Mein Freund Münchhausen
darf so viel aus der Schatzkammer mitnehmen,
wie der stärkste Mann forttragen（扛走）kann!«
Der Schatzmeister verneigte sich（sich〈A.〉
verneigen 鞠躬）mit der Nase bis zur Erde.[34]
Mir aber schüttelte der Sultan die Hand. Dann
entließ er uns beide.

　　Jetzt galt es, keine Zeit zu verlieren. Ich
rief meinen starken Mann und eilte mit ihm in
die Schatzkammer. Er schnürte mit langen
Stricken ein riesiges Bündel zusammen. Was er
nicht unterbrachte, war kaum der Rede wert.
Daraufhin rannten wir zum Hafen, mieteten das
größte Segelschiff, das zu haben war, wanden
den Anker（m. 锚）hoch（hoch/winden 绞起，

32　神枪手急中生智，
敏捷地放出一枪并成
功唤醒前往维也纳取
酒的人，由此帮助明希
豪森扭转了被动的局
面。

33　jmdm. fällt ein Stein
vom Herzen 某人心里
一块石头落了地

34　土耳其苏丹不知
是计，言语中透露出的
依旧是狂妄自大。仆
人鞠躬，鼻尖点地，可
见其毕恭毕敬，反衬出
的依旧是苏丹统治的
残暴。

吊 起) und suchten das Weite[35]. Das war dringend nötig. Denn als der Sultan hörte, was für einen Streich (m. 玩笑)[36] ich ihm gespielt hatte, befahl er dem Groß-Admiral (m. 海军将领), mit der ganzen Flotte (f. 船队) auszulaufen und mich und das Schiff einzufangen (ein/fangen 俘获)![37]

Wir waren kaum zwei Meilen von der Küste entfernt, als ich die türkische Kriegsflotte mit vollen Segeln näherkommen sah. Und ich muss gestehen, dass mein Kopf von neuem (重新,相当于 wieder) zu wackeln anfing. Da sagte mein Windmacher: »Keine Bange (f. 恐惧)[38], Exzellenz!« Er trat auf das Hinterdeck und hielt den Kopf so, dass das rechte Nasenloch auf die türkische Flotte und das linke auf unsere Segel gerichtet war. Und dann blies er so viel Wind und Sturm durch die Nase, dass die Flotte, mit zerbrochenen Masten (Mast m. 桅杆) und zerfetzten Segeln, in den Hafen zurückgejagt (zurück/jagen 赶回) wurde und dass unser Schiff wie auf Flügeln dahinschoss und bereits drei Stunden später in Italien eintraf.[39]

35　逃走

36　einen Streich mit jmdm. spielen 和某人开了个玩笑

37　这里表现出土耳其苏丹的言而无信。

38　口语 Keine Bange 意为"别害怕",等同于 Keine Angst。

39　在紧要关头,明希豪森的老朋友用自身的特异功能击退了苏丹的舰队,使明希豪森一行最后平安抵达意大利。

Tag **5**

　　明希豪森再一次来到了月球，他在那里又发现了什么奇特的景象呢？让我们一起跟随他去看看吧⋯⋯

Die zweite Mondreise

Erinnert ihr euch noch, wie ich auf den Mond klettern musste, um meine silberne Axt wieder zu holen? Nun, später geriet ich ein zweites Mal auf den Mond, freilich（当然）auf viel angenehmere Art und Weise [1]. Ein entfernter（entfernt 远房的）Verwandter von mir, ein sehr wohlhabender[2] Mann, plante eine Expedition（f. 考察旅行）. Es müsse, sagte er, ein Land geben, dessen Einwohner solche Riesen seien wie die im Königreich Brobdingnag[3], von dem Gulliver[4] berichtet hat. Er wolle dieses Land finden, und ich solle ihn begleiten. Ich hielt zwar das Ganze（n. 全部）für ein Märchen, aber er hatte mich, wie ich wusste, als Erben（Erbe m. 继承人）eingesetzt, und so war ich ihm schon eine kleine Gefälligkeit（f. 帮忙，效劳）schuldig [5].

Wir fuhren also los und kamen bis in die Südsee, ohne dass uns etwas Nennenswertes[6] begegnet wäre, wenn man von ein paar fliegenden Männern und Frauen absieht（ab/sehen 抛开……不计），die in der Luft Menuett（n. 小步舞曲）tanzten. Erst am achtzehnten Tage, nachdem wir die Insel Otaheiti passiert hatten, begannen die Abenteuer, und zwar（即）

1 auf die Weise 以这种方式，这里的意思是"以舒适的方式"。

2 wohlhabend 富裕的，这一部分是前面"我的远房亲戚"的同位语。

3 大人国，名著《格列佛游记》中的地名。

4 格列佛，《格列佛游记》中的主人公。

5 欠着的，其用法为 jmdm. etw. schuldig sein。

6 形容词 nennenswert 意为"值得一提的"，这里是其名词化形式。

048 | TAG 5

mit einem unheimlichen Orkan（m. 风暴），der unser Schiff, etwa tausend Meilen hoch, in die Luft hob. Dort oben, über den Wolken, segelten wir dann sechs Wochen und einen Tag, bei stetiger Brise（f. 微风，和风），dahin, bis wir ein großes Land entdeckten.[7] Es war rund und glänzend（闪耀的）und glich[8] einer schimmernden（schimmernd 闪光的）Insel. Wir gingen in einem bequemen Hafen vor Anker[9] und an Land. Tief unter uns sahen wir, mit unseren Fernrohren（Fernrohr n. 望远镜），die Erdkugel（f. 地球）mit ihren Seen, Flüssen, Bergen und Städten, winzig wie Spielzeug[10].

　　Die Insel, das merkten wir bald, war der Mond. Die Bewohner ritten auf dreiköpfigen（dreiköpfig 三个脑袋的）Geiern（Geier m. 兀鹫）durch die Luft, als seien es Pferde. Da gerade Krieg war, und zwar mit der Sonne, bot mir der Mondkönig eine Offiziersstelle an. Ich lehnte aber ab, als ich hörte, dass man statt Wurfspießen（Wurfspieß m. 矛）große weiße Rettiche（Rettich m. 萝卜）nähme und Pilze als Schilde（Schild n. 盾）.[11] So ein vegetarischer（vegetarisch 素食的）Krieg, sagte ich, sei nichts für mich.

7　船被风暴吹至天上并漂荡数日之久，可见风暴的强烈程度。

8　gleichen 与……相似，支配第三格宾语。

9　短语 vor Anker gehen 意为"休息"。

10　像玩具一般微小，这里形容他们距地面很远。

11　人们以白萝卜为矛，以蘑菇为盾，这样的素食战争令人捧腹。

Außer den Mondriesen traf ich auch Bewohner des Hundssterns. Sie reisen als rührige (rührig 活跃的，精力旺盛的) Kaufleute durchs ganze Weltall，sehen wie große Bullenbeißer (m. 斗牛犬) aus und haben die Augen links und rechts unter der Nase. Da die Augen lidlos (没眼皮的) sind，decken die Leute beim Schlafengehen[12] die Augen mit der Zunge (f. 舌头) zu (zu/decken 将……盖住). Die Hundssternbewohner messen im Durchschnitt (平均上) zwanzig，die Mondmenschen sogar sechsunddreißig Fuß. Sie heißen aber nicht Mondmenschen，sondern »kochende (kochend 烹调着的，做着饭的) Geschöpfe«，weil sie ihre Speisen，genau wie wir，auf dem Herd zubereiten (烹饪). Das Essen kostet sie wenig Zeit. Sie öffnen einfach ihre linke Seite und schieben die Mahlzeit direkt in den Magen. Das geschieht außerdem nur einmal im Monat，also zwölfmal im Jahr.[13] Auch sonst haben sie ein recht bequemes Leben. Die Tiere，aber auch die »kochenden Geschöpfe« selber wachsen auf Bäumen，in sechs Fuß langen，nussähnlichen (nussähnlich 类似坚果的) Früchten (Frucht f. 果实)，die man，wenn sie reif sind，pflückt (pflücken 采摘)，einige Zeit lagert und

12 这里是动词短语 schlafen gehen 的动名词形式，意为"去睡觉"。

13 因为他们也像我们一样在炉灶上做饭。吃饭只花费他们一点时间，他们打开左边的身体并将饭塞入胃中。这种情况每月出现一次，即一年有十二次。

schließlich in heißes Wasser wirft. Nach ein paar Stunden springen dann die fertigen Geschöpfe heraus. Jedes der Wesen ist schon vor der Geburt auf seinen künftigen Beruf vorbereitet, ob nun als Soldat, Professor, Pfarrer（m. 牧师）oder Bauer, und beginnt sofort nach der Geburt den vorbestimmten （vorbestimmt 先前决定了的）Beruf auszuüben.[14]

Sie haben an jeder Hand nur einen Finger, tragen den Kopf unter dem rechten Arm und lassen ihn, wenn sie auf Reisen oder zur Arbeit gehen, normalerweise zu Hause. Sie können's aber auch umgekehrt（相反的）machen, den Kopf fortschicken （送走） und den Körper daheim（在家）lassen. Die Augen können sie in die Hand nehmen und dann damit genauso gut sehen, als hätten sie die Augen im Kopfe. Wenn sie eins verlieren, macht das nichts. Man kann sich ein neues in Spezialgeschäften （Spezialgeschäft n. 专业店铺） kaufen, in jeder Farbe und gar nicht teuer. Als ich auf dem Mond war, waren gerade gelbe Augen Mode[15][16].

Ehe （Konj. 在……之前，等同于 bevor） ich es vergesse: Der Bauch dient den Mondleuten als Rucksack und Handtasche. Sie stecken alles,

14 每个生灵在其出生前就被安排好以后的职业，无论现在是士兵、教授、牧师或是农民，他们在出生后就立即开始从事他们早已被决定的职业。

15 Mode sein 成风，流行

16 这里的生灵可以将脑袋和身体一分为二，同时去做两件事；眼睛可以拿在手里，丢了可以重新购得。

was sie mitnehmen, in ihn hinein wie in einen Schulranzen（m. 有背带的书包）und können ihn nach Belieben（随意地）auf- und zumachen. Und wenn sie alt geworden sind, so sterben sie nicht, sondern lösen sich in Luft auf und verfliegen（挥发，消散）wie Rauch überm Dach.[17]

Ich muss zugeben, dass das alles recht seltsam klingen mag. Aber es hat trotzdem seine Richtigkeit, und wer auch nur im geringsten daran zweifelt, braucht nur auf den Mond zu reisen und meine Angaben nachzuprüfen（nach/prüfen 检验）. Dann wird er mir abbitten[18] und bestätigen, dass ich von der Wahrheit so wenig abgewichen（ab/weichen 背离）bin wie kein anderer Mondreisender sonst. Faustdicke（faustdick 过分的，严重的）Lügen aufzutischen[19] war mir mein Leben lang verhasst（令人憎恶的）. Ich kann's nicht ändern. So, und nun will ich ein Glas Punsch trinken. In meinem Zwölfliterglas（n. 十二升的玻璃杯）. Prosit!

17　在那里，人们可以把想要携带的一切放进肚子里，需要时可随意取出。他们死后可以像烟一样飘散在空气中。

18　jmdm. etw. ab/bitten 请求某人原谅

19　auf/tischen〈口，贬〉闲扯，胡扯

Tag ▶ 6

Till Eulenspiegel

这则故事的主人公梯尔·欧伦施皮格尔在出生后被洗礼三次！这究竟是怎么一回事呢?

★ ★ ★

自小调皮的梯尔·欧伦施皮格尔以整蛊他人为乐。他幼年丧父,和母亲回到了故乡,过着乡村生活。到了从业年龄的梯尔·欧伦施皮格尔的兴致却在杂耍上。他将晾衣绳绑到萨勒河两岸的两幢房屋之间并在上面来回走动,最后晾衣绳被惊恐万分的母亲割断,他跌入萨尔河内,受到了周围人的嘲笑。事后他怀恨在心,决意加倍去整蛊嘲讽他的那些人。

WIE EULENSPIEGEL DREIMAL GETAUFT WURDE

Es ist traurig, aber wahr. Der arme Junge wurde dreimal getauft (taufen 为 …… 洗礼)! Wer weiß, vielleicht trug das daran Schuld, dass er später so ein komischer Vogel (一个怪人) wurde.[1] Möglich ist alles. Na ja. Geboren wurde der kleine Eulenspiegel jedenfalls nur einmal. Und zwar zwischen Lüneburg und Braunschweig, in dem Dorf Kneitlingen. Und weil Kneitlingen so klein war, dass es keine Kirche hatte, musste der Junge in Ambleben getauft werden. Ambleben hatte eine Kirche, und der Pastor (m. 牧师、教士) hieß Arnolf Pfaffenmeyer. Pastor Pfaffenmeyer machte seine Sache sehr schön. Eulenspiegels Mutter war zwar im Bett geblieben, weil sie krank war. Aber die anderen Frauen, die mit nach Ambleben in die Kirche gekommen waren, fanden die Feierlichkeit großartig, obwohl der kleine Till ziemlich brüllte (brüllen 大哭大闹). Das war seine erste Taufe. Hinterher (随后) gingen alle ins Wirtshaus. Erstens, weil Eulenspiegels Vater sie eingeladen hatte, und zweitens, weil sie Durst hatten. So etwas kann vorkommen[2]. Es gab Freibier (n. 免费啤酒).

---

1 众所周知，洗礼为一种宗教仪式，一生只需接受一次。而本文在开篇处就说了主人公梯尔·欧伦施皮格尔出生时就接受了三次洗礼，暗示了这个婴儿日后必将成为一个不寻常的人。

2 出现，用法等同于 passieren 和 geschehen。

Es wurden Reden gehalten. Und die Hebamme (f. 助产士), die das Steckkissen (n. 〈渐旧〉婴儿的襁褓) mitsamt dem Baby von Kneitlingen nach Ambleben getragen und hier übers Taufbecken (n. 洗礼盆) gehalten hatte, hatte den größten Durst und trank am meisten.[3] Als sie nun am späten Nachmittag aufbrachen, um nach Kneitlingen heimzuwandern (heim／wandern 步行回家), hatte die ganze Gesellschaft einen sanften Schwips (m. 微醺)[4]. Die Hebamme natürlich auch. Und als sie über einen schmalen Brückensteg weg mussten, der keine Geländer (n. 栏杆) hatte, bekam die Hebamme einen Schwindelanfall (m. 头晕) und purzelte (purzeln 摔倒, 栽倒), hast du nicht gesehen, von dem Steg in den Bach hinunter. Mitsamt dem Steckkissen und dem kleinen Till. Das war seine zweite Taufe. Passiert war den beiden weiter nichts. Sie sahen nur maßlos (过分地) dreckig (肮脏的, 等同于 schmutzig) aus.[5] Denn der Bach war, so mitten im Sommer, ziemlich ausgetrocknet (干涸的) und voller Schlamm (m. 淤泥). Die Hebamme heulte (heulen 嚎哭). Eulenspiegels Vater schimpfte. Und der kleine Till schrie wie am Spieß (大声嚎哭). Kinder, sah der Junge

3 在接生完梯尔·欧伦施皮格尔并举行完洗礼仪式后，一行人应他父亲的邀请来到客栈饮酒解渴，这为即将发生的戏剧性一幕埋下伏笔。

4 常见短语 einen Schwips haben, 意为"微醉"。

5 助产士在过桥时因微醉头晕而抱着婴儿一同从桥上跌落, 弄得浑身都是污泥。

schmutzig aus! Er wäre fast erstickt[6]. Als sie in Kneitlingen ankamen, wurde Till sofort in die Badewanne gesteckt und solange mit Wasser begossen (begießen 浇，倒), bis er wieder manierlich[7] aussah. Und das war nun sozusagen seine dritte Taufe. Als Pastor Pfaffenmeyer am nächsten Tag von der Sache erfuhr, schüttelte er sein graues Haupt und sagte：»Wenn das nur gut geht mit dem Jungen! Dreimal getauft werden, das hält kein Kind aus (aus/halten 忍受). Was zu viel ist, ist zu viel.« Und damit sollte der Pastor Pfaffenmeyer ja nun wirklich recht behalten (recht behalten 说得对，说得在理).

WIE EULENSPIEGEL AUF DEM SEIL TANZTE

Till war schon als Kind ein rechter Lausejunge (m. 淘气鬼). Er ärgerte die Kneitlinger, wo er konnte. Sie beschwerten sich jedes Mal bei den Eltern, aber meist war dem Bengel (m. 捣蛋鬼) nichts nachzuweisen[8].[9] Und der Vater zog ihm zwar dann die Hosen stramm[10], weil er dachte：Die Kneitlinger werden schon recht haben, und es kann nichts schaden. Doch warum er den Jungen versohlte (versohlen 痛打，暴揍), wusste er eigentlich

6　被闷死的，窒息而死的，此处为 ersticken 的第二分词形式，有被动含义。

7　原意为"有礼貌的"，这里转义为"说得过去的"。

8　nach/weisen 证明，短语 jmdm. etw. nach/weisen意为"向某人证明某事"。

9　邻居们因梯尔·欧伦施皮格尔的淘气恶作剧而向其父母控诉，却又找不到任何证据，这足以证明梯尔·欧伦施皮格尔的狡猾。

10　jmdm. die Hosen stramm/ziehen 痛打某人屁股

nie. Na, das ärgerte dann den kleinen Till, und dann ärgerte er die Kneitlinger wieder, und dann ärgerten sich die Kneitlinger noch mehr, und zum Schluss bekam Till wieder Hiebe（Hiebe bekommen 挨打，挨揍）. Das wurde dem Vater mit der Zeit zu anstrengend. Er begann zu kränkeln（经常生病）und starb. Nun zog die Mutter mit dem Jungen aus Kneitlingen fort und in ihr Heimatdorf an der Saale[11]. Till war mittlerweile（在此期间）sechzehn Jahre alt geworden und sollte einen Beruf ergreifen. Aber er dachte nicht im Traum daran. Stattdessen（取而代之的是）lernte er auf dem Wäscheseil（m. 晾衣绳）, das auf dem Boden gezogen war, Seiltanzen（n. 走钢丝）.[12] Wenn ihn die Mutter dabei erwischte, kletterte er schleunigst（快速、迅速地）aus dem Bodenfenster（n. 顶楼窗户、天窗）und setzte sich aufs Dach. Dort wartete er dann, bis sie wieder gut war.[13] Das Bodenfenster ging auf den Fluss hinaus. Und als Till das Seiltanzen einigermaßen（一些，有一点儿）konnte, spannte er das Seil vom Boden aus über die Saale hinweg zu dem Bodenfenster eines Hauses, das am anderen Ufer stand. Die Kinder, die das beobachtet hatten, und die Nachbarn, die aus den Fenstern guckten,

11 die Saale, 萨勒河, 德国一条重要的河流, 易北河的支流。

12 看到母亲绑起来的晾衣绳, 梯尔·欧伦施皮格尔玩心又起, 他开始在上面走起了钢丝。

13 当被母亲看到时, 梯尔·欧伦施皮格尔又快速躲了起来。

sperrten Mund und Nase auf[14], als Till das Seil betrat und langsam darauf balancierte（balancieren 保持平衡）, ohne herunterzufallen. An beiden Ufern versammelten sich（sich〈A.〉versammeln 聚集）die Leute und blickten in die Luft. Sie waren fast so gespannt wie das Seil. Schließlich wurde auch Eulenspiegels Mutter aufmerksam. Sie kletterte, so schnell es ging, zum Boden hinauf, schaute aus dem Fenster und schlug die Hände über dem Kopf zusammen（〈口〉大吃一惊）. Ihr Herr Sohn stand, mitten über dem Fluss, auf ihrer Wäscheleine und machte Kunststückchen（n. 特技,技艺）! Kurz entschlossen nahm sie das Kartoffelschälmesser aus der Schürzentasche（f. 围裙口袋）und schnitt — ritsch[15]! — die Leine durch. Und Till, der nichts gemerkt hatte, fiel sozusagen aus allen Wolken. Er fiel aus den Wolken kerzengerade（笔直的）in den Fluss und musste, statt auf dem Seil zu tanzen, in der Saale baden.[16] Die Kinder und die Nachbarn und überhaupt alle, die das mitangesehen hatten, lachten sich halbtot（半死地）und ärgerten Till durch schadenfrohe（schadenfroh 幸灾乐祸的）Zurufe（Zuruf m. 呼喊,叫喊）. Er krabbelte（krabbeln 爬）ans Ufer und tat, als hätte er

14 惊得目瞪口呆

15 咔嚓,指剪切某物时发出的声响。

16 梯尔·欧伦施皮格尔的表演引来众人围观,直到他的母亲因担心他的安全而割断了晾衣绳,梯尔·欧伦施皮格尔笔直地坠入河中。

nichts gehört. Doch im stillen（暗暗地）nahm er sich vor, ihnen ihre Schadenfreude heimzuzahlen[17]. Wenn möglich mit Zinsen[18].[19] Schon am nächsten Tag spannte er also sein Seil von neuem. Diesmal machte er es aber nicht am Bodenfenster seiner Mutter fest. Denn er wollte nicht schon wieder in der Saale baden. Weil, wie es heißt, von dem zu häufigen Baden die Haut dünn wird. Nein, er spannte das Seil zwischen zwei anderen Häusern aus, hoch in der Luft, aber so, dass Frau Eulenspiegel es nicht sehen konnte. Natürlich kamen die Kinder wieder angerannt[20], und Bauern und Bäuerinnen kamen auch. Sie lachten und machten Witze[21] über Till und fragten, ob er wieder vom Seil fallen wolle. Einige riefen, er müsse unbedingt herunterfallen, sonst mache ihnen die ganze Sache keinen Spaß. Eulenspiegel aber sagte：»Heute zeige ich euch etwas noch viel Schöneres. Ihr müsst nur eure linken Schuhe ausziehen und sie mir aufs Seil geben. Sonst kann ich das Kunststück leider nicht machen.« Erst wollten sie nicht recht. Doch dann zog einer nach dem anderen seinen linken Stiefel（m. 靴子）aus, und schließlich hatte Till hundertundzwanzig linke Schuhe vor sich liegen! Er knüpfte sie mit

17 sich（D.）etw. vor/nehmen 计划、打算，heim/zahlen 报复，常见搭配为 jmdm. etw. heim/zahlen，意为"为某事报复某人"。

18 原意为"加带利息地"，这里可理解为"加倍地"。

19 受到了众人的嘲笑，梯尔·欧伦施皮格尔暗下决心，他要伺机进行报复。

20 angerannt 是可分动词 an/rennen 的第二分词形式，在此起副词的作用，修饰 kamen，表示"跑着来"。

21 嘲笑，后接介词 über，表示嘲笑的对象。

den Schnürsenkeln（ m. 鞋带）zusammen
（zusammen/knüpfen 捆在一起）und kletterte,
mit dem Stiefelberg beladen（这里是用含第二
分词 beladen 的短语表示状态,即"背着这一
大堆靴子"。）, aufs Seil hinauf.[22] Unter ihm
standen hundertundzwanzig Zuschauer, und
jeder von ihnen hatte nur noch einen Schuh an.
Eulenspiegel ging nun, vorsichtig balancierend[23],
mit dem riesigen Schuhbündel Schritt für Schritt
（一步步地）auf dem Seil vorwärts（朝前地）.
Als er in der Mitte des Seils angekommen war,
knüpfte er die Senkel auf und rief:»Aufgepasst!«
Und dann warf er die hundertzwanzig Schuhe
auf die Straße hinunter. » Da habt ihr eure
Pantinen（Pantine f.〈北德〉拖鞋）wieder!«
rief er lachend.»Passt aber gut auf, dass ihr sie
nicht vertauscht[24]! « Da lagen nun
hundertzwanzig Schuhe auf der Straße, und
drumherum（四周）standen hundertzwanzig
Leute, von denen jeder einen Schuh zu wenig
anhatte! Und dann stürzten sie wie die
Verrückten über die Schuhe her[25]. Jeder suchte
den, der ihm gehörte. Und bald war die
schönste Prügelei（f. 打架）im Gange[26]. Man
schlug sich und riss sich an den Haaren und
wälzte sich brüllend auf der Straße herum

22 众人不知是计,纷
纷脱下左脚上的鞋子
交给梯尔·欧伦施皮
格尔。他将这些鞋子
的鞋带捆在一起,并爬
上了绳索。

23 balancierend 是动
词 balancieren 的第一
分词形式,在此起副词
的作用,修饰 ging,表
示"保持着平衡地走"。

24 vertauschen 搞混,
拿错,常见短语为 etw.
mit etw. tauschen,意
为"将……和……搞
混、拿错"。

25 her/stürzen 扑过
来,支配介词 über,意
为"朝着……扑过来"。

26 im Gange sein 上
演,进行

（herum/wälzen 滚来滚去）. Es dauerte eine Stunde und dreiundvierzig Minuten, bis jeder seinen linken Schuh wieder hatte.[27]

Aber wie die armen Leute aussahen! Sie hatten Beulen（Beule f. 疙瘩, 肿块儿）am Kopf und Löcher in den Hosen. Sieben Zähne lagen auf der Straße. Und neunzehn Bauern und elf Kinder konnten kaum nach Hause gehen, so humpelten（humpeln 跛行, 一瘸一拐地走）sie.[28] Alle aber schworen（schwören 发誓）sie, Till kurz und klein zu prügeln, wenn sie ihn erwischten（erwischen 抓住）. Nur, das mit dem Erwischen war schwierig. Denn Till ging ein Vierteljahr lang nicht vor die Tür. Er saß die ganze Zeit bei seiner Mutter im Haus. Und sie freute sich und sagte：»Das ist recht, mein Sohn. Endlich bist du vernünftig geworden. « Die Ärmste![29]

27 众人为了寻回自己的鞋子而相互大打出手, 场面十分混乱。

28 四处可见额头上的肿块、裤子上的破洞以及地上被打掉的牙齿, 混乱的厮打过后, 众人狼狈地踉跄逃回。

29 善良的母亲还蒙在鼓里, 甚至还直夸她那"听话乖顺"的儿子呢, 真是可悲。

7 Tag

梯尔·欧伦施皮格尔和母亲前往邻村的教堂落成纪念日集市，他在喝了大量啤酒后感到了醉意，最终找到一个空蜂箱并睡在里面。两个偷蜜贼前来偷蜜，阴差阳错中他们扛走了睡着梯尔·欧伦施皮格尔的那个蜂箱，一向喜欢整蛊他人的梯尔·欧伦施皮格尔会做些什么呢？一出好戏即将开场。

★ ★ ★

在本节中，主人公梯尔·欧伦施皮格尔摇身一变成了"名医"，他连哄带骗"医好沉疴"，赶走病患，由此"赚得"了一大笔钱……

WIE EULENSPIEGEL IN EINEM BIENENKORB SCHLIEF

Einmal war Till mit seiner Mutter in einem Nachbardorf（n. 邻村）zur Kirchweih（f. 教堂落成纪念日集市）. Dort trank der Lümmel（m. 小伙子）so viel Bier, dass er schon am hellen Mittag total betrunken war. Außerdem war er auch müde und suchte sich ein schattiges（schattig 荫凉的）Plätzchen zum Schlafen. Dabei geriet er in einen stillen Garten, in dem viele Bienenstöcke standen. Es waren auch leere Stöcke darunter（其中）, und in einen der leeren Bienenstöcke legte er sich und schlief ein. Er schlief von Mittag bis gegen Mitternacht. Und Frau Eulenspiegel, die ihren Herrn Sohn überall auf dem Kirchweihrummel（m. 教堂落成纪念日集市上的喧闹）gesucht hatte, dachte, er sei schon längst nach Hause gegangen. Stattdessen lag er, wie gesagt[1], in dem leeren Bienenkorb und schlief seinen Schwips aus[2]. Gegen Mitternacht kamen zwei Diebe（Dieb m. 窃贼）in den stillen, abgelegenen Garten und wollten einen Bienenkorb stehlen, um dann den Honig zu verkaufen. » Wir werden den schwersten Korb nehmen«, sagte der eine Dieb. »Je schwerer der

1　正如所说的那样

2　aus/schlafen 原意为"睡足"，这里的 den Schwips aus/schlafen 指的是"熟睡醒酒"。

Korb ist, umso mehr Honig hat er.[3] « » In Ordnung （好的，表示赞同）«, sagte der andere. Und dann hoben sie die Körbe der Reihe nach （按照顺序）hoch. Der schwerste war natürlich der, in dem Eulenspiegel lag. Und deshalb nahmen sie den, luden （laden 背上，扛上）ihn sich auf die Schultern, schleppten ihn aus dem Garten auf die Straße hinaus[4] und wanderten stöhnend[5] und schwitzend[6] ihrem Dorf zu （zu/wandern 走向，支配第三格宾语）.[7] Eulenspiegel war natürlich aufgewacht und ärgerte sich, dass ihn die beiden Kerle geweckt hatten und nun auch noch nachts in ein Dorf schleppten, in dem er gar nicht wohnte. Als sie ihn so eine Weile getragen hatten, griff er vorsichtig aus dem Bienenkorb heraus und zog den Vorderen[8] furchtbar an den Haaren. »Aua!« schrie der Dieb. »Bist du denn ganz verrückt geworden?« Er dachte selbstverständlich, der andere Dieb sei es gewesen, und schimpfte schauderhaft （可怕地，令人毛骨悚然地）. Der andere wusste nicht, was los war, und sagte：»Du bist wohl übergeschnappt （精神错乱的）? Ich schleppe an dem Bienenkorb wie ein Möbelträger, und du bildest dir ein[9], ich hätte Zeit und Lust, dich an den Haaren zu ziehen!

3　句型 je + 比较级，umso + 比较级，意为"越……，越……"。

4　hinaus/schleppen 拖出，其后接方向补足语，表示"拖到某处"。

5　stöhnend 是动词 stöhnen 的第一分词形式，在此起副词的作用，修饰 zu/wandern，表示"呻吟着走向"。

6　schwitzend 是动词 schwitzen 的第一分词形式，在此同样充当副词修饰 zu/wandern，表示"汗淋淋地走向"。

7　两个笨贼前来偷蜜，不料却误将睡着梯尔·欧伦施皮格尔的蜂箱盗出。他们喘着气、汗涔涔地扛着蜂箱走了。

8　这里是意为"前面的"形容词 vorder 的名词化形式，指的是前面的那个窃贼。

9　sich (D.) etw. (A.) ein/bilden 想象，用法等同于 sich (D.) etw. (A.) vor/stellen。

Zu dumm!« Eulenspiegel amüsierte sich
（sich〈A.〉amüsieren 消遣）königlich（〈口〉
尽兴地，非常地），und nach einer Weile（一会
之后）rupfte（rupfen 拔、扯）er den
Hintermann am Haar, und zwar derartig（如此
这般地），dass ihm ein Büschel（n. 一束，一
簇）Haare in der Hand blieb.»Nun wird mir's
aber zu bunt[10]!«, brüllte der Dieb.» Erst
träumst du, ich hätte dich an den Haaren
gezogen. Und nun reißt du mir fast die Kopfhaut
（f. 头皮）runter（runter/reißen 扯下）! So eine
Frechheit（f. 放肆）! «»Blödsinn! « knurrte
（knurren 发牢骚）der andere.» Es ist so
dunkel, dass ich die Straße kaum sehen kann,
und ich halte den Korb mit beiden Händen fest,
und da soll ich noch hinter mich greifen und dir
Haare herausziehen können? Bei dir piept's ja!«
Sie stritten, fluchten（fluchen 咒骂）und
ächzten（ächzen 哀叹），dass Till Eulenspiegel
beinahe laut gelacht hätte. Aber das ging
natürlich nicht. Stattdessen riss er, fünf Minuten
später, den Vordermann derartig am Haar, dass
der mit dem Schädel an den Bienenkorb krachte
（krachen 砰的撞上），den Korb fallen ließ,
sich umdrehte（sich〈A.〉um/drehen 转身）
und dem Hintermann wütend mit beiden Fäusten

10　句型 es wird
jmdm. zu bunt, 意
为"某人受不了了"。

ins Gesicht schlug. Nun ließ auch dieser Dieb den Korb fallen und warf sich mit aller Wucht[11] auf den Vorderen. Im nächsten Augenblick lagen beide am Boden und rangen（sich〈A.〉ringen 扭在一起）und schlugen und kratzten sich（sich〈A.〉kratzen 抓、挠），bis sie schließlich so übereinander（重叠）wegpurzelten（weg/purzeln 摔倒并滚到一边），dass sie, so wütend waren sie, sich im Dunkeln überhaupt nicht wiederfanden.[12] Eulenspiegel aber blieb gemütlich in seinem Korb liegen und schlief weiter, bis ihn am Morgen die Sonne weckte. Dann stand er auf und ging seiner Wege. Er kehrte übrigens nicht zu seiner Mutter zurück, sondern verdingte sich[13] bei einem Raubritter als Reitknecht（m.〈旧〉马夫）. Obwohl er gar nicht reiten konnte! So ist es kein Wunder（不足为怪），dass ihn der Ritter sehr bald aus seiner Burg（f. 城堡）hinauswarf（hinaus/werfen 扔出）[14].

WIE EULENSPIEGEL DIE KRANKEN HEILTE

Es stimmt schon. Wer als Kind ein rechtes Radieschen（n. 小圆萝卜，这里指的是主人公小的时候）war, wird als Erwachsener immer

11 Wucht 的意思为"重量"，mit aller Wucht，意为"重重地"。

12 梯尔·欧伦施皮格尔借着夜色美美地整蛊了这两个盗贼，使他们俩相互大打出手，而他却乐在其中。

13 sich（A.）verdingen 受雇于，其后接介词 bei。

14 整蛊完两个盗贼后，梯尔·欧伦施皮格尔又为一位强盗骑手充当马夫。不过他很快便被这名强盗骑手赶出了城堡，原因估计读者们都猜得出来。

schlimmer. Noch dazu, wenn der Vater zu früh wegstirbt. So war es auch mit Till Eulenspiegel. Er trieb es von Jahr zu Jahr（年复一年地）toller. Er wechselte die Berufe öfter als das Hemd[15]. Und da er nirgends（无任何之处）lange bleiben konnte, weil man ihn sonst verkehrt[16] aufgehängt（auf/hängen 挂起，吊起）oder wenigstens halbtot geschlagen hätte, kannte er, kaum dass er zwanzig Jahre alt war, Deutschland wie seine Westentasche[17].[18] So kam er auch nach Nürnberg. Und hier trieb er's ganz besonders bunt. Er klebte an die Kirchentüren und ans Rathausportal（n. 市政厅大门）Plakate, auf denen er sich als Wunderdoktor（m. 神医）ausgab（sich〈A.〉aus/geben 假冒，冒充）. Es dauerte auch gar nicht lange, da kam der Verwalter（m. 管理人员）vom Krankenhaus zum Heiligen Geist anspaziert[19] und sagte：» Sehr geehrter Herr Doktor! In unserem Spital（n. 医院）liegen so viele Kranke, dass ich mir nicht mehr zu helfen weiß. Alle Betten sind belegt[20], und das Geld reicht vorn und hinten nicht. Können Sie mir keinen Rat geben?« Eulenspiegel kratzte sich hinterm Ohr und antwortete：» Doch, doch, lieber Mann. Aber guter Rat ist teuer.« »Wie viel?«

15 etw. öfter als das Hemd wechseln，字面意思为"换某物胜过换衬衣"，表示"频繁更换某物"。

16 颠倒过来的，这里指的是"脑袋冲下"。

17 f. 原意为"背心口袋"，etw. wie jmds. Westentasche kennen 对……很是了解。

18 由于梯尔·欧伦施皮格尔的顽劣，他无法在一处站稳脚跟，他频繁更换工作，也因此游遍了德国。

19 anspaziert 是可分动词 an/spazieren 的第二分词形式，在此起副词的作用，修饰 kam，表示"踱步走来"。

20 意为"被占据的"，belegt 是动词 belegen 的第二分词形式，在此为形容词，相当于 besetzt。

fragte der Verwalter. Und Eulenspiegel sagte：
»Zweihundert Gulden. « Zunächst blieb dem
guten Mann die Luft weg[21]. Und dann
erkundigte er sich, was der Herr Doktor
Eulenspiegel dafür leisten wolle. »Dafür mache
ich in einem einzigen Tag alle Kranken gesund,
die im Hospital liegen! Wenn mir's nicht
gelingen sollte, will ich keinen Pfennig
haben.«[22] »Ausgezeichnet!«, rief der Mann,
nahm Eulenspiegel auf der Stelle（立刻，马上）
mit ins Krankenhaus und sagte den Kranken,
der neue Doktor wolle sie alle heilen. Sie
müssten sich nur genau nach seinen Vorschriften
richten[23]. Dann ging er ins Verwaltungsbüro und
ließ Till mit den Kranken allein.[24] Eulenspiegel
ging langsam von Bett zu Bett und unterhielt
sich mit den Leuten. Er sprach sehr leise und
geheimnisvoll mit jedem von ihnen. Und einem
jeden sagte er das gleiche. »Ich will euch allen
helfen«, sagte er, »dir, mein Freund, und den
anderen auch. Und ich weiß ein fabelhaftes
（fabelhaft 绝妙的，极好的）Rezept dafür. Ich
muss einen von euch zu Pulver（n. 粉末）
verbrennen. Dieses Pulver müsst ihr dann
einnehmen（服下）. Ich habe mir auch schon
überlegt, wen von euch ich zu Pulver

21　weg/bleiben 原意
为"不来"，而句型 die
Luft bleibt jmdm. weg
则表示"某人吓得说不
出话来"。

22　梯尔·欧伦施皮
格尔夸下海口，但是估
计他已经有什么新的
鬼点子了。

23　sich（A.）richten
后支配介词 nach，意
为"以……为榜样，
向……看齐"。

24　医院管理人员对
梯尔·欧伦施皮格尔
先前的劣迹毫不知情，
所以交代完后，他放心
大胆地离开了。

verbrennen werde: den Kränksten[25] im Saal.
Das wird das Beste sein, meinst du nicht auch?
Na also.« Dann beugte er sich noch tiefer und
fuhr noch leiser fort:»In einer halben Stunde
hole ich den Verwalter herauf. Der wird die
Gesunden unter euch fortschicken（送走）. Es
wird also gut sein, wenn du dich ein bisschen
beeilst, mein Lieber. Denn den letzten
verbrenne ich leider zu Pulver. Die Sache
will's!« So ging er zu jedem und erzählte jedem
das gleiche. Dann holte er endlich den Verwalter
nach oben. Und der Verwalter rief mit lauter
Stimme:» Wer sich gesund fühlt, ist
entlassen!« In drei Minuten war der Saal leer!
Alle rannten oder humpelten, so schnell sie nur
irgend konnten, aus dem Krankenhaus hinaus.
Solche Angst hatten sie! Es waren welche
dabei, die seit zehn Jahren hier gelegen hatten.[26]
Der Hospitalverwalter war sprachlos. Er raste
ins Büro und brachte Eulenspiegel
zweihundertzwanzig Gulden. Die streckte er ihm
hin und sagte:»Zwanzig Gulden gebe ich Ihnen
extra. Sie sind der beste Arzt der Welt. «[27]
»Stimmt«, sagte Eulenspiegel. Damit meinte er
den Geldbetrag. Er steckte ihn in die Tasche,
empfahl sich（sich〈A.〉empfehlen 辞行，告

25 这里是形容词
krank 最高级的名词化
形式，表示"病得最厉
害的人"。

26 梯尔·欧伦施皮
格尔用自己想出的鬼
点子吓跑了医院内所
有的病人，包括那些久
久赖在医院不走的
病患。

27 可怜的医院管理
人员不知已经上当，反
而连夸梯尔·欧伦施
皮格尔是个神医。

别）und machte, dass er Nürnberg in den Rücken[28] bekam. Schon am nächsten Tag kehrten alle Kranken ins Hospital zum Heiligen Geist zurück und legten sich wieder in ihre Betten. Der Verwalter war außer sich（愤怒不已）. »Um alles in der Welt（天呐）«, rief er, »ich denke, er hat euch gesund gemacht?« Da erzählten sie ihm, warum sie gestern davongelaufen waren, und dass sich keiner habe zu Pulver verbrennen lassen wollen. »Ich bin ein Esel[29]«, sagte der Verwalter. »Der Lump（m. 恶棍）hat mich betrogen（betrügen 欺骗）, und ich habe ihm sogar noch zwanzig Gulden mehr gegeben, als er verlangt（verlangen 要求）hat!«[30]

28　短语 etw. in den Rücken bekommen 意为"离开"，这里指的是"离开纽伦堡"。

29　m. 原意是"驴子"，这里指的是"愚蠢的人"。

30　醒过神来后，医院管理者大呼上当，悔恨不已。

Tag 8

　　我们的主人公梯尔·欧伦施皮格尔在面包房里当上了伙计，又有什么好戏要上演呢？大家一起来看看吧！

★ ★ ★

　　梯尔·欧伦施皮格尔又有了新的任务——登上城堡塔楼观望敌情。但他旧习难改，屡次整蛊了堡垒长官一行人，最后溜之大吉。

WIE EULENSPIEGEL EULEN UND MEERKATZEN BUK[1]

Einmal kam Eulenspiegel auch nach Braunschweig und suchte die Herberge（f. 小旅店）»Zur Heimat«, weil er dort übernachten wollte. Er fragte einen Bäcker, der vor seinem Laden stand, nach dem Weg. Der Bäcker beschrieb ihm genau, wie er gehen müsse, und fragte noch：»Was bist du denn eigentlich?«»Ich?«, sagte Till.»Ich bin ein wandernder[2] Bäckergeselle（m. 面包房伙计）.«Da freute sich der Bäcker, denn er brauchte gerade einen Gesellen. Und Eulenspiegel blieb für Lohn（m. 报酬）, Beköstigung（f. 伙食）und freies Logis（n. 住宿之处,为法语词汇）in der Bäckerei. Weil nun der Meister selber mitunter（有时）in der Backstube（f. 面包房）arbeitete, fiel es ihm am ersten und zweiten Tag überhaupt nicht auf, dass Till vom Backen nicht mehr verstand als ein Ochse[3] von den Klavierspielen. Doch am dritten Tag wollte sich der Meister früh am Abend schlafen legen. Vielleicht wollte er auch in den Gasthof（m. 客栈）»Zum Schwarzen Eber« gehen und kegeln（打保龄球）. Jedenfalls sagte er zu Till：»Heute Nacht musst du allein backen. Ich komme erst morgen früh

---

1 buk 是动词 backen 的过去时形式的一种写法。

2 wandernd 是动词 wandern 的第一分词形式,在此作形容词修饰其后名词,表示"游走的"。

3 m. 公牛,这里指的是"笨蛋,傻瓜"。

wieder herunter.«»Ist recht（好的，同意）«, meinte Till.»Aber was soll ich denn backen?« »Da hört sich ja Verschiedenes auf[4]!«, rief der Meister.»Du bist ein Bäckergeselle und fragst mich, was du backen sollst! Meinetwegen（在我看来）Eulen und Meerkatzen（Meerkatze f. 长尾猴）!« Er hätte ebenso gut sagen können: »Veilchen（n. 堇菜）und junge Hunde«; und er sagte»Eulen und Meerkatzen« natürlich nur, weil er sich über die dumme Frage seines Gesellen geärgert hatte.[5] Aber als er fort war （离开）, rührte Eulenspiegel den Teig an（an/ rühren 和，搅拌）und buk von zehn Uhr abends bis drei Uhr früh tatsächlich lauter Eulen und Meerkatzen. Als der Meister am Morgen hereintrat（herein/treten 进来）, dachte er, er käme in den Zoo. Überall lagen und standen knusprig（酥脆的）gebackene Tiere. Und er sah sich vergeblich（徒劳地，白费劲地）nach Broten, Brötchen und Semmeln（Semmel f. 小面包）um. Da schlug er vor Wut（愤怒地）mit der Faust auf den Tisch und rief:»Was hast du denn da gebacken?«»Das sehen Sie doch«, sagte Till.»Eulen und Meerkatzen. Wie Sie's verlangt haben. Sind die Biester nicht ähnlich genug[6]? Ich habe mir furchtbar viel Mühe

4　岂有此理

5　面包店老板被这个莫名其妙的问题弄得晕头转向，不得不用一种讽刺的方式回答梯尔·欧伦施皮格尔，不料这反而为后面的闹剧埋下伏笔。

6　genug 修饰形容词时放在其后，表示"足够……"，这里的意思是"足够像"。

gegeben.« Eulenspiegels Frechheit brachte den braven（brav 老实巴交的）Mann vollends（完全地）auf den Baum[7]. Er packte ihn am Kragen, schüttelte ihn hin und her（左右来回）und brüllte（brüllen 大叫；责骂）：»Aus dem Haus! Aber sofort, du Haderlump（m. 无赖）!«[8]» Erst müssen Sie mich loslassen（松开）«, sagte Till.»Sonst kann ich nicht weg.« Der Meister ließ ihn los, und Till wollte schleunigst auf und davon. Doch da hielt ihn der Bäcker noch einmal fest.»Erst zahlst du mir den Teig, den du verhunzt（verhunzen 弄坏，搞糟）hast!« »Nur, wenn ich die lieben Tierchen mitnehmen darf«, erwiderte Eulenspiegel. »Wenn ich den Teig, aus dem sie gebacken sind, bezahle, gehören sie mir.« Der Bäcker war einverstanden und nahm das Geld.[9] Till aber verfrachtete（verfrachten 装走）seine Eulen und Meerkatzen in einen Tragkorb（m. 背篓）und zog damit ab（ab/ziehen 离开）. Am Nachmittag war auf dem Platz vor der Kirche großes Gedränge（n. 拥挤）Till Eulenspiegel stand mitten unter den Leuten und verkaufte seine Eulen und Meerkatzen Stück für Stück（一个个地）und verdiente großartig daran.[10] Das sprach sich im Nu（很快）herum. Und als der Bäckermeister

7 原意是"树"，这里的短语 jmdn. auf den Baum bringen 意为"令某人抓狂"。

8 梯尔·欧伦施皮格尔的恶作剧令面包店老板快要疯掉了，他将梯尔·欧伦施皮格尔赶出了面包房。

9 梯尔·欧伦施皮格尔同意赔偿被损坏面团的钱，但他要求带走已经烤制好的动物形状的面包。面包店老板同意了他的请求。

10 梯尔·欧伦施皮格尔烤制出的动物形状的面包居然在市集上备受青睐，他因此大赚一笔。

davon hörte, schloss er seinen Laden ab und rannte im Dauerlauf （一路跑来） zur Sankt-Niklas-Kirche hin. »Der Kerl muss mir das Holz bezahlen, das er für das alberne （albern 乏味无聊的） Viehzeug （n. 小动物、小牲畜） verfeuert （verfeuern 烧掉） hat!« rief er, während er durch die Gassen stürmte. » Und eine Benutzungsgebühr （f. 使用费用） für den Backofen! Und einsperren （监禁） lasse ich ihn außerdem!« Doch als er auf dem Platz ankam, war Till Eulenspiegel schon über alle Berge. Er hatte seine Eulen und Meerkatzen restlos （彻底地） ausverkauft[11], und sogar den Korb, der dem Bäcker gehörte, hatte er für einen Taler verkauft. Und die Braunschweiger lachten noch jahrelang über den armen Bäckermeister.[12]

WIE EULENSPIEGEL TURMBLÄSER WAR

Einmal trat Till beim Grafen von Anhalt in Dienst （m. 工作，职务）[13]. Der Graf hatte damals viele seiner Ritter und deren Knechte im Bernburger Schloss versammelt, um die Bauern, die vor den Stadtmauern ihre Felder und Wiesen hatten, gegen die Überfälle （Überfall m. 袭击） der Raubritter zu

11 ausverkaufen 卖完、售罄，其第二分词形式为形容词，意为"卖完了的、售罄的"。

12 老实巴交的面包店老板听说了梯尔·欧伦施皮格尔烤制的动物形状的面包热卖的消息，急忙赶来，他想从梯尔·欧伦施皮格尔身上索要另一笔费用，不料却扑了个空。

13 bei jmdm. in Dienst treten 在某人处任职

verteidigen. Das war nötig geworden. Denn die Raubritter brandschatzten (brandschatzen 将……劫掠一空) die Dörfer und trieben den Bauern das Vieh fort (fort/treiben 赶走). Eulenspiegel wurde auf dem höchsten Turm des Schlosses einquartiert[14] und musste von dort aus[15] Tag für Tag über das Land schauen. Sobald die Feinde kämen, sollte er auf einer Trompete (f. 喇叭) Alarm blasen.[16] In den Schlosshof konnte er übrigens auch hinunterblicken. Da sah er dann immer die Ritter und Knechte an langen Tischen sitzen und ununterbrochen (不间断地) essen und trinken. Und vor lauter Essen und Trinken vergaßen der Graf und die anderen, ihrem Turmbläser (m. 塔楼吹号手) Essen hinaufzuschicken (hinauf/ schicken 将……派送上来). Und obwohl er rief, so laut er konnte, hörten sie ihn nicht. Weil der Turm zu hoch war. Vom Turm herunterklettern (爬下来) durfte er auch nicht, da er ja dauernd ins Land schauen musste. Eines schönen Nachmittags sah er die Raubritter zu Pferde daher sprengen (骑马飞奔而来). Sie trieben die Viehherden vor der Stadt zusammen, steckten ein paar Scheunen (Scheune f. 谷仓) in Brand (m. 火)[17] und benahmen sich

14 ein/quartieren 安排住宿,这里使用的是被动态。

15 复合介词 von … aus,意为"从……开始",表示地点上的起点,此处表示"从城堡上"。

16 梯尔·欧伦施皮格尔又得新差,他站在城堡塔楼上放哨,当敌人来袭时,他要吹响号角。

17 etw. in Brand stecken 纵火焚烧

（ sich 〈 A.〉 irgendwie benehmen 举止，表现……） überhaupt sehr unfein （粗鲁的）. Eulenspiegel lag im Fenster und schaute ihnen gemütlich zu. Doch die Trompete ließ er ruhig an der Wand hängen.[18] Endlich kam einer der Bauern ins Schloss gerannt und erzählte dem Grafen von dem Überfall. Die Ritter holten hastig ihre Pferde aus dem Stall （m. 马厩） und jagten wie der Wind aus dem Stadttor. Doch die Feinde waren samt dem gestohlenen Vieh schon über alle Berge. Als der Graf ins Schloss zurückkam, war er sehr wütend. Er kletterte in voller Rüstung （f. 装备） auf den Turm hinauf und sagte：»Warum, zum Donnerwetter[19], hast du nicht geblasen, als du die Feinde kommen sahst?« » Und warum«, fragte Eulenspiegel, »habt Ihr mir nichts zu essen heraufgeschickt? Bevor man nicht gegessen hat, kann man nicht Trompete blasen. «[20] Ein andres Mal hatte der Graf einen Ausfall aus der Stadt gemacht und den Feinden ihr Vieh fortgetrieben. Das Vieh war ins Schloss gebracht und dutzendweise[21] am Spieß （m. 铁钎） gebraten worden. Und nun saßen wieder alle im Schlosshof drunten und aßen wie die Scheunendrescher[22]. Till roch den Braten oben im Turm. Aber man vergaß den

18　由于被只身遗忘在塔楼上而得不到饭食，梯尔·欧伦施皮格尔对前来侵犯的敌军故意视而不见。

19　口语，意为"混蛋"

20　梯尔·欧伦施皮格尔巧舌如簧，对堡垒长官的指责进行了反驳。

21　一打一打地，此处转义为"大量地"。

22　m. 用于短语 wie ein Scheunendrescher essen，意为"吃个没完"。

Wächter（m. 看守人）wieder einmal. Da nahm er kurz entschlossen die Trompete von der Wand, steckte sie durchs Fenster und blies Alarm. Der Graf und die Ritter ließen das Essen stehen und liegen, zogen ihre Panzer（m. 盔甲）an und galoppierten（galoppieren 骑马疾驰、飞奔）zur Stadt hinaus. Kaum waren sie fort, rannte Till vom Turm, belud sich（sich beladen 背上、担上）mit Kalbs- und Schweinebraten und anderen Esswaren（Pl. 食品，等同于 Lebensmittel）, kletterte wieder auf den Turm und aß, bis ihm die Hose nicht mehr passte.[23] Als der Graf zurückkehrte, war er wieder sehr wütend. Er stieg auf den Turm hinauf und sagte：》Bei dir ist wohl eine Schraube locker[24]? Was fällt dir denn ein, Alarm zu blasen, wenn keine Feinde zu sehen sind? He?《》Das macht der Hunger《, erwiderte Till. 》Da phantasiert man wie im Fieber.《 》Unsinn《, sagte der Graf.》Wer Alarm bläst, wenn keine Feinde zu sehen sind, und nicht bläst, wenn sie kommen, ist kein Trompeter für mich.《Er bestellte einen anderen Mann zum Turmbläser, und Eulenspiegel wurde Fußknecht, also Infanterist（m. 步兵，即前面所说的 Fußknecht）. Das war ihm gar nicht recht. Denn

23　当梯尔·欧伦施皮格尔发现自己再次被遗忘的时候，他取下墙上的号角并将其吹响，他要戏弄堡垒长官等人一番。趁着堡垒长官等人慌忙出去迎敌之时，他下楼取来美味佳肴并大快朵颐。

24　熟语 bei jmdm. ist eine Schraube locker, 意为"某人头脑有点不正常"。

078 | TAG 8

als die Feinde wieder vor der Stadt erschienen,
musste er mit zum Tor hinaus und kämpfen. Er
ließ sich sehr viel Zeit und lief als letzter
hinterdrein（即 hinterher, 意为"在后面"）. Und
als die Feinde in die Flucht geschlagen worden
waren, rannte er als erster ins Schloss zurück.[25]
Das machte er beim nächsten und übernächsten
Überfall ganz genau so, bis es allen, auch dem
Grafen, auffiel. Und der Graf fragte, was das
heißen solle. »Die Sache ist die«, sagte Till.
»Da ich als Turmbläser so wenig zu essen
bekam, bin ich körperlich nicht auf der Höhe.
Wenn ich wirklich die Energie aufbrächte, der
erste vorm Feind zu sein, müsste ich irrsinnig
（极其, 非常） schnell zurückrennen, um als
erster wieder im Schloss zu sein und rasch zu
essen. Diese Rennerei（f. 四下奔跑, 跑来跑
去）würde meine Gesundheit nicht aushaken[26][27].«
»Scher dich zum Teufel（口语, 意为"滚蛋"）!«,
rief der Graf aufgebracht（怒气冲冲地）. »Oder
soll ich dich hängen lassen[28]? « »Nein«, sagte
Till. »Auch das würde meine Gesundheit nicht
aushaken!« Und er schnürte（schnüren 扎紧, 系
紧）sein Bündel（n. 铺盖卷）[29] und verließ
Schloss und Stadt Bernburg, so schnell er konnte.[30]

25 当敌军侵袭时, 梯
尔·欧伦施皮格尔最
后一个外出应战, 待敌
军撤退时, 又先行一步
返回。

26 原意为"将……从
钩上摘下", 这里意
为"干扰"。

27 梯尔·欧伦施皮
格尔再次巧妙地回应
了堡垒长官的指责。

28 短语 jmdn. hängen
lassen, 意为"吊死
某人"。

29 短语 sein Bündel
packen/schnüren, 意
为"卷铺盖走人"。

30 当梯尔·欧伦施
皮格尔感到真正的危
险时, 他再次溜之
大吉。

9 Tag

梯尔·欧伦施皮格尔愚弄他人的行为引起了伯爵们的愤怒。他被驱逐，甚至被威胁绞首，最终流落他处。但是当他再次踏入自己被禁足之地的时候，他又想出了一则诡计。

★ ★ ★

梯尔·欧伦施皮格尔摇身一变，成了一名学者，他游走于大学之间，继续愚弄着那里的教授和学生们。为了反过来愚弄梯尔·欧伦施皮格尔，埃尔福特的大学校长想出了一条对策，他们希望梯尔·欧伦施皮格尔将一头驴培养成才。不过，这可难不倒聪明的梯尔·欧伦施皮格尔，他成功地"解决"了这个看似不可能解决的问题。

WIE EULENSPIEGEL ERDE KAUFTE

Der Graf von Anhalt war nicht der einzige deutsche Fürst, der Eulenspiegel mit dem Galgen bedrohte (jn. mit etw. bedrohen 用……威胁某人). Genau dasselbe[1] tat, wenig später, der Herzog von Lüneburg. Till hatte nämlich auch im Herzogtum Lüneburg irgendwelche Dummheiten (Dummheit f. 愚蠢) ausgefressen (etw. auf/fressen 干出蠢事). Und der Herzog hatte ihm daraufhin (因此) gesagt:»Mach, dass du über die Grenze kommst! Wenn du dich wieder vor mir blicken lässt (sich〈A.〉blicken lassen 露面), wirst du gehängt!«[2] Eulenspiegel war damals wie der Blitz[3] aus Lüneburg verschwunden. Später aber musste er auf seinen Fahrten doch wieder durch das Gebiet des Herzogs, falls er keinen zu großen Umweg[4] machen wollte. Er kaufte sich deshalb ein Pferd und einen Karren (m. 小车); und in der Nähe von Gelle hielt er an einem Acker (m. 耕地,农田) still (still/halten 停下不动), den ein Bauer pflügte (pflügen 耕,犁), und kaufte dem Bauern für einen Schilling so viel Ackererde (f. 耕土) ab (ab/kaufen 买下), dass der Karren bis oben hin voll davon wurde. Dann setzte sich Till in den Karren, so dass nur

1 指示代词,意为"同一个的",在此指同一件事,即吊死某人。

2 梯尔·欧伦施皮格尔不单单受到了安哈尔特伯爵的死亡威胁,同样也受到了吕内堡伯爵的死亡威胁。由此看来,不少人都被他愚弄过。吕内堡伯爵命他迅速离境。如若梯尔·欧伦施皮格尔再敢露面的话,就会绞死他。

3 闪电般地,指速度很快,等同于上文的wie der Wind。

4 m. 弯路,einen Umweg machen 绕弯路

der Kopf und die Arme aus der Erde hervorschauten（hervor/schauen 露出）. Und so kutschierte（kutschieren 乘马车）Eulenspiegel durch das ihm verbotene Herzogtum. Er sah fast aus wie ein fahrender Blumentopf（m. 花盆）.[5] Als er an der Burg Gelle vorbeifuhr, begegnete er dem Herzog, der mit seinem Gefolge zur Jagd ritt（骑马去狩猎）. Der Herzog hielt an und sagte：»Ich habe dir mein Land verboten. Steig aus! Jetzt wirst du gehängt.« »Ich bin ja gar nicht in Eurem Land «, erwiderte Eulenspiegel. » Ich sitze in meinem eigenen Land. Ich hab' es rechtmäßig（合法地）von einem Bauern gekauft. Erst gehörte es ihm. Nun gehört es mir. Euer Land ist es nicht. « Der Herzog sagte：»Scher dich mit deinem Land aus meinem Land（和你的土地一起滚出我的国家）, du Galgenstrick（m. 无赖）! Und wenn du noch einmal hierherkommst, hänge ich dich samt Pferd und Wagen!«[6]

WIE EULENSPIEGEL EINEM ESEL DAS LESEN BEIBRACHTE

Eine Zeitlang beschäftigte sich Eulenspiegel damit, dass er von Universität zu Universität zog, sich überall als Gelehrter[7] ausgab und die

5 梯尔·欧伦施皮格尔给自己买下一车耕土并钻入其中，这种情景令人难以理解。

6 梯尔·欧伦施皮格尔巧妙地回复了吕内堡伯爵的质问，最终化险为夷。

7 m./f. 学者，这里是第二分词 gelehrt 的形容词名词化形式。

Professoren und Studenten neckte（necken 愚弄，取笑）. Er behauptete, alles zu wissen und zu können. Und er beantwortete tatsächlich sämtliche（sämtlich 全部的）Fragen, die sie ihm vorlegten[8]. Bei dieser Gelegenheit（借着这个机会）kam er schließlich nach Erfurt. Die Erfurter Studenten und ihr Rektor（m. 大学校长）hörten von seiner Ankunft und zerbrachen sich den Kopf, was für eine Aufgabe sie ihm stellen könnten.»Denn so wie denen in Prag«, sagten sie,»soll es uns nicht ergehen[9]. Er soll nicht uns, sondern wir wollen ihn hineinlegen[10].« Endlich fiel ihnen etwas Passendes ein[11]. Sie kauften einen Esel, bugsierten（bugsieren 将……困难地拖拽至某处）das störrische（störrisch 倔强的，固执的）Tier in den Gasthof »Zum Turm«, wo Eulenspiegel wohnte, und fragten ihn, ob er sich zutraue（sich〈D.〉etw.〈A.〉zu/trauen 相信自己有能力做……）, dem Esel das Lesen beizubringen.[12] »Selbstverständlich«, antwortete Till. »Doch da so ein Esel ein dummes Tier ist, wird der Unterricht ziemlich lange dauern.« »Wie lange denn?«, fragte der Rektor der Universität. »Schätzungsweise（估计，大概）zwanzig Jahre«, meinte Till. Und hierbei[13] dachte er sich:

8　vor/legen 提交，常见短语 jmdm. etw. vor/legen 给某人提交……。

9　etw. ergeht jm. so. 某人情况也如此

10　原意为"放进去"，在此转义为"欺骗，愚弄"。

11　etw. fällt jmdm. ein. 某人想起……；此外这里的 etwas Passendes 是形容词 passend 的名词化形式。

12　梯尔·欧伦施皮格尔的到来让埃尔福特的大学校长和学生们感到头疼，为了惩戒一下这个爱愚弄人的无赖，他们绞尽脑汁想出了一条计谋。

13　在这种情况下，意思相当于 da 或者 in jener Situation。

Zwanzig Jahre sind eine lange Zeit. Bis dahin stirbt vielleicht der Rektor. Dann geht die Sache gut aus. Oder ich sterbe selber. Oder der Esel stirbt, und das wäre das Beste. Der Rektor war mit den zwanzig Jahren einverstanden. Eulenspiegel verlangte fünfhundert alte Groschen（m. 格罗申，德国古时的银币）für seinen Unterricht. Man gab ihm einen Vorschuss（m. 预支）und ließ ihn mit seinem vierbeinigen Schüler[14] allein. [15] Till brachte das Tier in den Stall. In die Futterkrippe（f. 食槽）legte er ein großes altes Buch, und zwischen die ersten Seiten des Buches legte er Hafer（m. 燕麦）. Das merkte sich der Esel. Und um den Hafer zu fressen, blätterte er mit dem Maul die Blätter des Buches um（um/blättern 翻看，翻阅）. War kein Hafer mehr zu finden, rief der Esel laut：»I-a, i-a!« Das fand Eulenspiegel großartig（出色的，棒极了的）, und er übte es mit dem Esel wieder und wieder. Nach einer Woche ging Till zu dem Rektor und sagte：»Wollen Sie bei Gelegenheit einmal mich und meinen Schüler besuchen? « »Gern«, meinte der Rektor. »Hat er denn schon einiges gelernt?« »Ein paar Buchstaben kann er bereits«, erklärte Eulenspiegel stolz. »Und das ist ja für einen Esel und für eine Woche

14 vierbeinig 意为"四条腿的"，这里的"四条腿的学生"指的就是那头驴子。

15 梯尔·欧伦施皮格尔先生是口头答应了大学校长的这一难题，内心却在思索着对策，并从大学校长那里骗了一大笔预支费用。

Unterricht allerhand（相当多的）.« Schon am Nachmittag kam der Rektor mit den Professoren und Studenten in den Gasthof, und Till führte sie in den Stall. Dann legte er ein Buch in die Krippe. Der Esel, der seit einem Tag kein Futter gekriegt[16] hatte, blätterte hungrig die Seiten des Buchs um. Und da Eulenspiegel diesmal überhaupt keinen Hafer ins Buch gelegt hatte, schrie das Tier unaufhörlich（不停地）und so laut es konnte: »I-a, i-a, i-a!« »I und A kann er schon, wie Sie hören «, sagte Eulenspiegel. »Morgen beginne ich damit, ihm O und U beizubringen. « Da gingen die Herren wütend fort.[17] Der Rektor ärgerte sich so sehr, dass ihn bald darauf der Schlag traf（jn. trifft der Schlag 某人感到惊骇）. Und Till jagte den Esel aus dem Stall. »Scher dich zu den anderen Erfurter Eseln![18]«, rief er ihm nach（nach/rufen 从后面呼喊, 支配第三格宾语）. Dann schnürte er sein Bündel und verließ die Stadt noch am selben Tag.

16 kriegen 得到, 相当于动词 bekommen。

17 梯尔·欧伦施皮格尔巧妙地训练了这头驴子, 让它成功地具有了"读书"的能力。这让这些大学的学者们大为惊讶并气愤不已。

18 这句原意为"滚回到其他埃尔福特的蠢驴身边吧!"。这其实是梯尔·欧伦施皮格尔对这些大学里学者们的嘲讽和羞辱。

10 Tag

我们的主人公梯尔·欧伦施皮格尔的足迹又来到了德国北部。他将很多裁缝骗至罗斯托克并装模作样地教他们经验,待骗局被愤怒的众人揭穿时又逃之夭夭。

★ ★ ★

游手好闲的梯尔·欧伦施皮格尔遭到了老裁缝和他徒弟们的嘲笑。睚眦必报的他会善罢甘休吗?必然不会!瞧,他又想出了一个坏点子。

WIE EULENSPIEGEL DIE SCHNEIDER AUFKLÄRTE

Als er in Rostock war, schickte er in alle Städte und Dörfer Briefe, und in diesen Briefen forderte er alle Schneider Mecklenburgs auf[1], an einem bestimmten Tag nach Rostock[2] zu kommen. Dort wolle er ihnen eine Kunst beibringen[3], die ihnen und ihren Kindern von großem Nutzen (m. 用途,用处) sein[4] werde. Und richtig, am festgesetzten Tag fanden sich in Rostock Tausende von Schneidern ein (sich ⟨A.⟩ ein/finden 到达、来到,等同于 an/kommen). Eulenspiegel führte sie auf eine Wiese vor der Stadt. Sie setzten sich ins Gras, aßen und tranken erst einmal, weil sie einen weiten Weg hinter sich hatten [5], und dann baten sie Till, seine Rede zu halten und die Kunst zu verraten (透露), die ihnen und ihren Kindern nach seiner Meinung so nützlich[6] sei. »Meine Herren Schneidermeister«, sagte Eulenspiegel darauf, » ich möchte euch mit größtem Nachdruck (m. 强调,mit größtem Nachdruck 万万,坚决) auf folgendes hinweisen (指明) : Wenn ihr eine Schere, eine Elle (f. 码尺), einen Fingerhut (m. 顶针), eine Nadel und Zwirn (m. 线) habt, braucht ihr nichts weiter.

1 auf/fordern 要求, 常 用 在 句 型 jmdn. auf/fordern, etw. zu tun 中,意为"要求某人做某事"。

2 罗斯托克,德国北部波罗的海沿岸重要的港口城市。

3 常 用 句 型 jmdm. etw. bei/bringen, 意为"教某人做某事"。

4 句型 etw. ist jmdm. von großem Nutzen. 意为"某事对某人大有用处"。

5 einen weiten Weg hinter sich (D.) haben 走了很长一段路

6 有用的,常见句型为 etw. ist jmdm. nützlich. 意为"某物对某人是有用的"。

Und vergesst nie, in den Faden, nachdem ihr ihn eingefädelt（ein/fädeln 把……穿进针眼）habt, einen Knoten（m. 结）zu machen. Sonst gleitet（gleiten 滑落）der Zwirn aus der Nadel und ihr macht die Stiche（Stich m. 针迹）umsonst（徒劳无功地）! Hat jemand noch eine Frage?«[7] Die mecklenburgischen（mecklenburgisch 梅克伦堡的）Schneider sahen einander baff（惊讶的）an und machten lange Gesichter[8]. Endlich rief einer von ihnen: »Da hört sich ja alles auf![9] Deswegen sind wir bis nach Rostock gekommen? Das wissen wir schon seit tausend Jahren!« » Seit tausend Jahren? «, fragte Till. » Wie alt bist du? « »Fünfundvierzig Jahre«, antwortete der Schneider. » Da hast du's «, sagte Till. » Wie kannst du es dann seit tausend Jahren wissen!« Er schaute sich beleidigt[10] um. »Ich habe es gut mit euch gemeint[11]. Aber wenn es euch nicht passt, könnt ihr ja wieder gehen!«[12] Nun wurden die Schneider ganz wild（愤怒的）, und sie wollten ihn verprügeln. Er aber lief in ein Haus, das zwei Eingänge（Eingang m. 入口）hatte. Zu dem einen lief er hinein und zum anderen hinaus. Sie erwischten ihn nicht, so sehr sie suchten, und waren außer sich vor Wut.

7 简简单单的缝纫道理在梯尔·欧伦施皮格尔口中被描述得绘声绘色，由此可见他整蛊手段的娴熟。

8 ein langes Gesicht machen 拉长个脸，指生气、情绪不佳。

9 口语，意为"这太过分了!"

10 感到羞辱的，beleidigt 是 beleidigen 的第二分词形式，有被动含义。

11 es gut mit jmdm. meinen 为某人着想，为某人好

12 待到谎言被人戳穿，梯尔·欧伦施皮格尔佯装镇静，强词格尔夺理。

Nur die Schneider, die in Rostock selber wohnten, lachten. »Wir haben gleich gewusst, dass er nichts als[13] einen dummen Spaß vorhatte (vor/haben 计划, 打算)«, sagten sie. »Wie konntet ihr nur wegen dieses Kerls eine so weite Reise machen! Ihr seid wirklich dumm.« So gab es zum Schluss noch Verdruss (m. 烦恼, 恼怒) und Prügel (m. 打, 揍) zwischen den Schneidern aus Rostock und denen von außerhalb (von außerhalb 外地来的).[14] Nur Eulenspiegel, der daran schuld[15] war, blieb verschwunden.

WIE DER WIND DREI SCHNEIDERGESELLEN FORTWEHTE

In dem Städtchen Brandenburg blieb Till Eulenspiegel vierzehn Tage lang. Und zwar in der Herberge »Zur Heimat«, wo wandernde Handwerksburschen (Handwerksbursche m. 流动工匠) billiges Quartier (n. 临时住处) bekamen. Die Herberge lag am Marktplatz, und im Haus nebenan (在隔壁) wohnte ein Schneidermeister. Dieser Schneider hatte drei Gesellen. Die saßen bei schönem Wetter nicht etwa in der Werkstatt drin, sondern draußen vorm Haus auf einem großen Brett, das sie

13 nichts als ... 除了……一无所有

14 由于没能抓住梯尔·欧伦施皮格尔并且受到了本地裁缝的嘲讽，外地来的裁缝们恼羞成怒，他们和本地裁缝间发生了一场冲突。

15 有过错的，常见短语为 schuld an etw. (D.) sein，意为"对……负有过失的"。

morgens auf vier Pfosten（m. 支柱）legten, die in der Erde staken[16]. Sie hockten（hocken 蹲坐）wie die Moslems auf ihrem Brett, mit untergeschlagenen[17] Beinen, und nähten Hosen, Jacken und was es sonst（此外）noch zu nähen gab. Wenn Till an ihnen vorbeikam, wurden sie jedes Mal wütend. Denn sie konnten ihn nicht ausstehen. Wahrscheinlich, weil er immer spazieren ging, statt zu arbeiten, und zweitens, weil er stets（总是）in seinem Hanswurst-Gewand[18] herumlief（herum/laufen 闲逛, 到处乱跑）, statt bei ihrem Meister einen gutsitzenden（gutsitzend 合身的）Anzug zu bestellen.[19] Sie machten sich mächtig über ihn lustig, warfen Stoffreste hinter ihm her und steckten ihm sogar die Zunge heraus[20]! Eines Nachts schlich nun Eulenspiegel vor das Haus des Schneiders und sägte heimlich（偷偷地）die vier Holzpfosten an（an/sägen 将……锯开一些）. Am nächsten Morgen, es war gerade Markttag, und der Platz war voller Menschen, legten die drei ahnungslosen（ahnungslos 毫无所知的）Schneidergesellen das Brett auf die Pfosten, setzten sich in Positur（f. 姿势）und arbeiteten, dass die Nähnadeln glühten. Das ging eine Weile ganz gut. Bis der Schweinehirt

16 这里的 staken 是动词 stecken 的一种过去式写法。

17 交叉着的, untergeschlagen 是动词 unterschlagen 的第二分词形式。

18 n. 小丑服装, 这个词中的 Hanswurst 指十七、十八世纪德国戏剧中的小丑。

19 老裁缝及其徒弟们打心底瞧不上不务正业且衣着怪异的梯尔·欧伦施皮格尔。

20 heraus/stecken 伸出, 这里的短语 jmdm. die Zunge heraus/stecken 意为"朝某人吐舌头"。

（m. 猪倌） kam und auf seinem Horn （n. 号角） blies! Nun kamen die Schweine aus den Häusern gerannt, natürlich auch die Schweine des Schneidermeisters. Sie rieben sich faul an den Pfosten vorm Haus — und jetzt ging alles blitzschnell: Die angesägten Pfosten brachen ab; das Brett stürzte zu Boden; und die drei Gesellen flogen hoch im Bogen[21] auf die Straße, mitten unter die erstaunten Leute!»Hilfe!« rief jemand aus der Menge.»Der Wind weht drei Schneider fort!«Ihr wisst selbstverständlich, wer das rief, ja? Die blamierten （blamiert 丢了脸的） Schneidergesellen kamen auch dahinter. Sie bekamen eine Mordswut （f. 极其愤怒） auf Till.[22] Aber solange er in Brandenburg blieb, saßen sie von jetzt ab （从现在起） in der Werkstatt drin, statt vorm Haus, schwitzten und dankten schließlich dem Himmel, als Eulenspiegel sein Bündel schnürte und wieder weiterwanderte.[23] Als er fort war, setzten sie sich sofort wieder vors Haus und sagten großspurig（蛮横地，自大地） zu den Leuten[24]:»Sein Glück, dass er weg ist, sonst hätten wir ihn bis zur Unkenntlichkeit verprügelt （打到面目全非）!«

21 m. 圆弧，这里的短语 im Bogen fliegen，意为"远远摔出去"。

22 梯尔・欧伦施皮格尔整蛊了这位老裁缝及其徒弟，令他们当众出丑，他们因此怒火中烧。

23 自打被整蛊后，老裁缝和他的徒弟们就不敢像往常那样坐在门前，直至梯尔・欧伦施皮格尔离开。

24 待到梯尔・欧伦施皮格尔离开，老裁缝和他的徒弟们便开始吹牛，这实为外强中干的表现。

11 Tag

先前在一名皮草工人那里有劣迹前科的梯尔·欧伦施皮格尔这次还想重操旧业，可却四处碰壁，于是他又想出了一个整蛊这些皮草工人的点子，这次他的目光停在了一只猫身上……

★ ★ ★

在不来梅的市集上，梯尔·欧伦施皮格尔推来了一个大木桶收购牛奶。可在最后时刻，先前将牛奶倒入大木桶的农妇们却彼此大打出手，这是怎么一回事呢？

WIE EULENSPIEGEL DIE KÜRSCHNER BETROG

Als er einmal, kurz vor Fastnacht (f. 狂欢节), in Leipzig eintraf, gelang[1] es ihm nicht, auch nur für ein paar Tage bei einem der vielen Leipziger Kürschner (m. 制作皮草的工人) Arbeit zu finden. Das lag wohl daran[2], dass ihnen zur letzten Leipziger Messe ein Kürschner aus Berlin die Ohren vollgejammert (jm. die Ohren voll/jammern 诉苦) hatte. Er hatte erzählt, wie ihm Eulenspiegel seinerzeit ein Dutzend schöner Wolfsfelle (**Wolfsfell n. 狼皮**), statt sie zu bearbeiten, völlig zerschnippselt (zerschnippseln 剪碎, 相当于 zerschneiden) und daraus kleine ausgestopfte[3] Wölfe und Teddybären (**Teddybär m. 泰迪熊**) gemacht hatte.[4] Und weil die Leipziger Kürschner keine Lust hatten, sich von Till ihre teuren Pelze (**Pelz m. 皮草**) verhunzen (弄坏, 搞糟, 相当于 ruinieren) zu lassen, gaben sie ihm keine Arbeit. Und weil sie ihm keine Arbeit gaben, nahm er sich vor, sie bei nächster Gelegenheit einmal gründlich (彻底地) zu ärgern. Und diese Gelegenheit bot sich (sich 〈A.〉 bieten 出现; 呈现出). Eulenspiegel erfuhr zufällig, dass die Kürschner zum Fastnachtstag an ihrem

1 gelingen 成功, 句型 etw. gelingt jmdm. 意为"某人做某事成功了"。

2 an etw. (D.) liegen 原因是……

3 被填充的, ausgestopfte 是 aus/stopfen 的第二分词形式, 有被动含义。

4 梯尔·欧伦施皮格尔想找一份在皮草工人处的活计来做, 可却四处碰壁, 原来这是有原因的。

Stammtisch（m. 固定的桌子）ein Hasen-Essen
（n. 兔肉宴）planten. So klaute（klauen 偷）er
in seinem Gasthof die Katze. Das war ein
vollgefressenes Prachtexemplar（n. 精美样板）.
Dann bat er den Koch um ein Hasenfell. Und
oben im Zimmer nähte er die Katze, so sehr sie
auch strampelte（strampeln 蹬，踹）und kratzte
（kratzen 抓，挠）, in das Hasenfell hinein
（hinein/nähen 缝进去）. Dann klebte er sich
einen Schnurrbart（m. 小胡子）unter die Nase,
zog andere Kleider an und stellte sich, als ob er
ein Bauer sei, vors Rathaus.[5] Als einer der
Kürschner, die er kannte, vorbeikam, fragte er
den, ob er keinen Hasen kaufen wolle. Der
Kürschner dachte an das Fastnachtsessen,
bezahlte Till das Tier, nahm es bei den Ohren
und brachte es an den Stammtisch, wo die
anderen Kürschner saßen und Bier tranken. Er
zeigte ihnen den Hasen. Und sie waren von
ihrem zappelnden（zappelnd 上蹿下跳的）
Fastnachtsbraten hell begeistert. Nun hatte aber
einer der Kürschner einen Hund. Und sie
trugen, nur so zum Spaß, ihren Hasen in den
Garten hinaus und hetzten（hetzen 唆使）den
Hund auf den Hasen. Doch ehe sie sich's
versahen（转眼之间）, kletterte der Hase auf

5 梯尔·欧伦施皮格
尔弄来一只猫，给它一
番装扮后，他也穿上别
的服装，来到市政
厅前。

094 | TAG 11

einen Baum und schrie kläglich（可怜地）：
»Miau（n. 喵, 猫叫的声音）! Miau! Miau!«
Nun wurde es ihnen langsam klar, dass sie
verkohlt（verkohlen 愚弄）worden waren. Und
weil man eine Katze nicht gut als Hasenbraten
verzehren（吃掉）kann, bekamen sie eine
Mordswut und schworen, den Kerl, der ihnen
die Katze angedreht[6] hatte, totzuschlagen（tot/
schlagen 打死）.[7] Doch da sich Eulenspiegel,
ganz gegen seine Gewohnheit, beim Verkauf
der Katze verkleidet gehabt und danach wieder
umgezogen hatte, kamen sie ihm nicht auf die
Spur[8]. Und Till blieb am Leben und ärgerte die
Menschen weiter.

WIE EULENSPIEGEL MILCH AUFKAUFTE

In Bremen rollte er einmal ein riesengroßes
（riesengroß 硕大的）Fass（n. 大圆桶）auf den
Wochenmarkt, stellte es dort auf（auf/stellen
将……立起来）und kaufte alle Milch, welche
die Bäuerinnen aus den Dörfern zur Stadt
gebracht hatten. Eine nach der anderen schüttete
（schütten 泼, 倒）ihre Milch in das Fass, und
Till schrieb mit Kreide（f. 粉笔）draußen an
die Fasswand（f. 桶壁）, wieviel Eimer（m. 提

6 an/drehen 诱骗……买, 此处用法为 jmdm. etw. an/drehen, 表示"诱骗某人买某物"。

7 皮草工人们原本打算美餐一顿, 但是当他们放狗去追"兔子"时才知道已经上当。他们发誓要揍死这个可恨的骗子。

8 f. 痕迹；线索, 此处用法为 jmdm. auf die Spur kommen, 表示"发现某人的行踪"。

桶）Milch ihm jede der Frauen verkauft hatte. Zum Schluss gab es auf dem Markt außer in Tills Fass keinen Tropfen（m. 滴）Milch mehr. Die Wände des Fasses waren über und über（完全，彻底）mit Kreide beschrieben. Und das Fass war bis an den Rand（m. 边缘）hinauf voller Milch. Es hatten sich viele Leute versammelt, die sich wunderten, was Eulenspiegel wohl mit dieser Unmenge（f. 大量）Milch anfangen wolle. Sie sollten sich aber über noch ganz andere Dinge wundern.[9] Denn als das Fass voll war und die Marktfrauen ihr Geld verlangten, sagte Till:»Ich habe gerade kein Geld bei mir. Aber in vierzehn Tagen komme ich wieder nach Bremen zum Markt. Dann bezahle ich euch alles auf Heller（m. 赫勒，旧时货币名）und Pfennig.《 Da regten sich die Bäuerinnen furchtbar auf und riefen laut durcheinander（混乱地）. Und wenn er nicht sofort zahle, würden sie den Polizisten holen（叫警察）.»Ich weiß gar nicht, was ihr wollt«, sagte Eulenspiegel. Er war richtig ärgerlich（生气的）.»Ich mache euch einen Vorschlag. Wer die vierzehn Tage nicht warten will, kann ja seine Milch wieder aus dem Fass herausnehmen（取出）. Aber passt gut auf, dass keine von euch mehr herausnimmt,

9　人们不知梯尔·欧伦施皮格尔为何要这么多牛奶，他们颇为好奇。

als sie hineingeschüttet hat. « Nun erhob sich
(sich〈A.〉erheben 开始, 产生) ein Geschrei
(n. 叫 喊, 喧 嚷), dass im Rathaus drei
Fensterscheiben (Fensterscheibe f. 窗户玻璃)
zersprangen (zerspringen 破 碎). Die
Marktfrauen stürzten mit ihren Töpfen,
Flaschen und Eimern über das Fass her (her/
stürzen 扑 过 来). Und weil jede zuerst
heranwollte (heran/wollen 走 上 前 来),
entstand ein wildes Durcheinander (n. 混乱, 等
同于 Chaos). Man schlug sich mit den Eimern.
Die Milch spritzte hoch durch die Luft und auf
die Kleider. Und zu guter Letzt (最后) fiel
auch noch das große Fass um und überschwemmte
(überschwemmen 淹没) den Marktplatz. Es sah
aus, als hätte es Milch geregnet. Die Marktfrauen
fielen übereinander her (über jn. her/fallen 打,
袭 击). Die Zuschauer lachten, bis sie
Seitenstechen (n. 侧 胸 刺 痛) hatten.[10] Und
Eulenspiegel? Nun, das wisst ihr, am Ende des
Buches, bestimmt schon auswendig! Wo war
Eulenspiegel? Immer, wenn er etwas angestellt
(an/stellen 做坏事) hatte und die anderen ihn
suchten, war Eulenspiegel längst auf und davon
(auf und davon sein 溜之大吉). Wieder zog er
nun über Berg und Tal, an Flüssen entlang und

10 市政厅的窗玻璃
被砸, 牛奶横流, 农妇
们打成一片, 大伙笑得
肚子疼, 场面一度混乱
无比。

quer durch Wälder und Felder. Bis er in irgendeinen Ort kam, wo er noch keinen Unfug (m. 胡作非为) getrieben hatte. Das holte er dann ganz rasch nach（nach/holen 补回来）. War die Aufgabe zu seiner Zufriedenheit erledigt, nahm er von neuem die Beine unter den Arm[11], verschwand, und die Leute im Ort waren die Dummen. Till trieb das bis ins hohe Alter（直至年事已高）so; und immer wieder entdeckte er ein Dorf oder eine Stadt, wo man auf ihn hereinfiel（auf jn./etw. herein/fallen 轻信）. Denn die Dummen — das war schon damals so —, die sterben nicht aus（aus/sterben 灭绝）.[12]

11 die Beine unter den Arm nehmen 拔腿就跑

12 这里对梯尔·欧伦施皮格尔的行动轨迹进行了总结。他云游四海,伺机挑衅整蛊他人并以此为乐,事后鞋底抹油,逃之夭夭。不过文章的最后一句也说明了梯尔·欧伦施皮格尔屡屡得手的原因,这一切只是因为众人愚蠢,太过于轻信他而已。

Tag 12

Die Schildbürger

令人倍感滑稽的希尔德市民究竟是什么来头？看似愚笨的他们其实是在有意地装疯卖傻,可是他们为什么要这样呢？原来这一切都是有原因的。

WAREN DIE SCHILDBÜRGER WIRKLICH SO DUMM, WIE SIE TATEN?

Im Mittelalter（n. 中世纪）, damals, als man das Schießpulver（n. 火药）noch nicht erfunden（erfinden 发明）hatte, lag mitten in Deutschland eine Stadt, die Schilda hieß, und ihre Einwohner nannte man deshalb die Schildbürger. Das waren merkwürdige（merkwürdig 奇怪的）Leute. Alles, was sie anpackten（an/packen 对待, 对付）, machten sie verkehrt（颠倒地, 相反地）. Und alles, was man ihnen sagte, nahmen sie wörtlich（按照字面的）. Wenn zum Beispiel ein Fremder ärgerlich ausrief:»Ihr habt ja ein Brett vorm Kopf!（熟语, 意为"一窍不通"）«, griffen sie sich auch schon an die Stirn und wollten das Brett wegnehmen. Und meinte ein anderer ungeduldig:» Bei euch piept es ja![1]«, so sperrten sie neugierig die Ohren auf[2], lauschten（lauschen 仔细听）drei Minuten und antworteten dann gutmütig（心平气和地）: »Das muss ein Irrtum sein, lieber Mann. Wir hören nichts piepen.« So viel Dummheit brachte manchen durchreisenden[3] Kaufmann der Verzweiflung（f. 绝望）nahe（nahe/bringen jm. etw. nahe/bringen 让某人熟悉、了解

1 piepen 原意为"小鸟喳喳叫", 短语 bei jmdm. piept's 意为"某人头脑不大正常"。

2 auf/sperren 张开, 敞开, die Ohren auf/sperren竖起耳朵听

3 旅游经过的, durchreisend 是可分动词 durch/reisen 的第一分词形式。

……）.[4] Andre wieder lachten sich darüber halb tot（sich〈A.〉tot/lachen 笑死）. Und mit der Zeit lachte, zu guter Letzt, das ganze Land. Kam jemand von einer längeren Reise zurück, so fragte man ihn auch schon, kaum dass er sich die staubigen（staubig 布满灰尘的）Stiefel ausgezogen hatte：»Was gibt's Neues in Schilda? Erzähle!« Und wenn er dann, beim Braunbier, den neuesten Schildbürgerstreich（m. 希尔德市民做的蠢事）auftischte, hielt sich die vergnügte（vergnügt 快活的）Runde（f. 围桌而坐的客人们）die Bäuche（sich〈D.〉den Bauch halten 捧腹大笑）. »Nein,« riefen sie, »wie kann man nur so dumm sein!« An dieser Stelle muss ich euch ein Geheimnis anvertrauen[5]. Es heißt：So dumm kann man nicht sein! Daraus folgt einwandfrei（无可争辩的）, dass auch die Schildbürger nicht so dumm waren, sondern dass sie sich nur so dumm stellten（sich〈A.〉+ Adj. + stellen 假装）! Das ist natürlich ein großer Unterschied! Wer nicht weiß, dass zwei mal zwei vier ist, der ist dumm und ihm ist schwer zu helfen. Wer es aber weiß und trotzdem antwortet, zwei mal zwei sei fünf, der verstellt sich（sich〈A.〉verstellen 伪装，佯作）. So ähnlich wie er machten es die

4 希尔德市民傻得出奇，这既让人为之捧腹，也让人绝望无奈。

5 jmdm. etw. an/vertrauen 向某人吐露某事

Schildbürger. Und wer unter euch scharf nachdenken kann, der wird mich etwas ganz Bestimmtes fragen wollen. Nun? Was wird er fragen wollen?

» Warum stellten sich die Schildbürger eigentlich so dumm? Warum und wozu? Was hatten sie davon?« Ganz recht. Was hatten sie davon? Wer lässt sich schon gern vom ganzen Lande auslachen（嘲笑）? Wer ist schon gerne, und noch dazu freiwillig（自愿的）, so dumm wie Bohnenstroh[6]? Außer den Schildbürgern wüsste ich niemanden. Und damit ihr sie versteht, muss ich erst einmal erzählen, wie ihre Dummheit zustande kam[7]. Die Geschichte ist ein bisschen verzwickt（错综复杂的）. Ich kann's nicht ändern. Passt also gut und genau auf!

Lange, sehr lange bevor die Schildbürger durch ihre sprichwörtliche[8] Dummheit berühmt wurden, waren sie, im Gegenteil（相反地）, fleißig, tüchtig, beherzt（勇敢果断的）und aufgeweckt（聪明伶俐的）. Ja, sie waren sogar tüchtiger und gescheiter（gescheit 聪颖的）als die meisten anderen Leute. Das sprach sich bald herum（sich〈A.〉herum/sprechen 流传开来）. Und wenn man sich anderswo（在别处）keinen

6　n. 干蚕豆箕，dumm wie Bohnenstroh sein 笨得出奇。

7　zustande kommen 出现，形成

8　谚语式的；众所周知的

Rat mehr wusste, schickte man einen berittenen (beritten 骑着马的) Boten[9] nach Schilda, dass er Ratschläge einhole (ein/holen 征求). Am Ende kamen allwöchentlich (每周一次的) mindestens zwei Gesandte[10] aus fernen Reichen und Ländern, brachten prächtige Geschenke von Königen, vom Kaiser und vom Sultan und baten, Schilda möge ihnen den einen oder anderen klugen Einwohner als Minister, Bürgermeister (m. 市长) oder Oberlandesgerichtsdirektor (m. 州高级法院院长) ausleihen. So gingen immer mehr Schildbürger ins Ausland, erwarben sich (sich 〈D.〉 etw. erwerben 赢得、获得) draußen Rang (m. 级别, 等级), Ehren (Ehre f. 荣誉) und Orden (m. 勋章) und sandten regelmäßig Geld nach Hause.[11]

Ruhm (m. 名誉), Geld und Titel (m. 头衔) sind ganz gut und ganz schön. Aber in Schilda selber ging es mittlerweile drunter und drüber[12]. Da die Männer nicht daheim (在家) waren, mussten, statt ihrer, die Frauen pflügen, säen (种) und ernten (收割). Die Frauen mussten die Pferde beschlagen[13] und das Vieh schlachten (屠宰). Die Frauen mussten die Kinder unterrichten, die Steuern (Steuer f. 税收) einkassieren (收进), die Ernte

9 Bote m. 使者, 此处为其阳性弱变化形式。

10 m./f. 公使, 这里是第二分词 gesandt 的名词化形式, 词尾按形容词变化。

11 历史上的希尔德市民绝非这般愚笨, 相反他们聪明异常。正因如此, 他们名声大振, 四方国度纷纷慕名前来, 聪明的希尔德市民前往他国履职并为其献计献策, 名利双收。

12 句子 " Es geht drunter und drüber." 意为"一切都乱七八糟"。

13 给马钉马蹄铁

verkaufen, den Marktplatz pflastern（用石块铺设）, die Zähne ziehen[14], das Korn mahlen（碾、磨谷物）, die Schuhe besohlen（给……配底）, die Semmeln backen, die Bäume fällen（砍伐）, die Predigten halten（布道）, die Scheunen ausbessern（修补）, die Diebe einsperren, die Glocken läuten（敲响）, die Bretter hobeln（刨平）, den Wein keltern（用榨汁机压榨）, die Brunnen（m. 水井）graben（挖掘）, die Wiesen mähen（刈，割）, die Dächer decken und abends im Wirtshaus »Zum Roten Ochsen« sitzen. Das war zu viel! Das Vieh verkam（verkommen 颓落）. Die Ernte verfaulte（verfaulen 腐烂）. Es regnete durch die Dächer. Auf dem Marktplatz wuchsen Brennnesseln（Brennnessel f. 荨麻）. Die Uhr am Kirchturm ging vier Stunden nach（nach/gehen〈钟表〉走得慢了）. Die Kinder wurden frech und blieben dumm. Und die armen Frauen wurden vor lauter Sorgen, Mühen und Tränen（Träne f. 眼泪）hässlich und vor der Zeit krumm（弯腰曲背的）und alt. Da schrieben sie ihren Männern einen wütenden Brief, worin zu lesen stand, warum und wieso sie nicht länger ein noch aus wüssten[15], und die Männer sollten sich schleunigst（迅速地）heimscheren（回

14 拔牙

15 nicht/weder ein noch aus wissen 不知所措，进退维谷

家）! Da kriegten die Männer einen Heidenschreck
（m. 万分惊恐）, verabschiedeten sich hastig
von ihren tief betrübten（betrübt 压抑的, 抑郁
的）Königen und Kurfürsten（Kurfürst m. 选帝
侯）und vom Sultan und fuhren, aus allen
Himmelsrichtungen（来自四面八方）, mit der
Extrapost（f. 特快邮车）nach Hause zurück.[16]

Hier schlugen sie erst einmal die Hände
überm Kopf zusammen. Sie kannten ihr Schilda
gar nicht wieder. Die Fensterscheiben waren
zersprungen. Im Hausflur wuchs Moos（n. 苔
藓）. Die Wagenräder quietschten（quietschen
发出吱吱声）. Die Kinder streckten die Zunge
heraus. Und der Wind wehte die Ziegel（m. 砖,
瓦）vom Dach.» Das habt ihr von eurer
Gescheitheit[17]!«, sagten die Frauen ärgerlich.
Und die Männer gingen, ohne ein Wort zu
sagen, ins Bett.

Ein paar Tage später trafen sie sich im
»Roten Ochsen«, tranken Bier, klagten
einander ihr Leid und kratzten sich hinter den
Ohren. Draußen vorm Gasthof standen schon
wieder fünf Gesandte aus fremden Ländern und
baten um Gehör[18].» Schickt sie weg（weg/
schicken 打发走）!«, sagte der Ochsenwirt（m.
牛倌）.»Diesmal können wir unsern guten Rat

16 希尔德男性市民外出就职, 家中的各种重担自然落在了女性肩上。不久, 家中混乱一片: 农田荒芜、房屋漏雨等, 苦不堪言的女人们立即修书将他们唤回。

17 f. 聪明, 句意为"这是因为你们太过聪明了"。

18 n. 倾听, jmdn. um Gehör bitten 请求某人倾听

selber brauchen. Das Hemd ist auch uns näher als der Rock.[19] « Dann steckte er den Kopf durchs Fenster und rief:»Wir haben leider alle den Keuchhusten（m. 百日咳）!« Da kletterten die fünf Gesandten auf ihre fünf Pferde und machten sich aus dem Staube（sich〈A.〉aus dem Staub machen 逃掉、溜走）. Denn Keuchhusten ist, wie jedes Kind weiß, ansteckend（传染的）. So hatten die Schildbürger ihre Ruhe, bestellten die nächste Runde Bier, bliesen den Schaum（m. 泡沫）vom Glas und dachten angestrengt（费劲地）nach.

　　Beim sechsten Glas wischte sich der Schweinehirt（m. 猪倌）den Schnurrbart[20] und sagte:» Ich hab's[21]! « Er war lange Zeit Stadtbaumeister（m. 城市建筑工程师）in Pisa（比萨,意大利知名城市）gewesen, hatte dort den bekannten Schiefen Turm（著名的比萨斜塔）erbaut（erbauen 建成）und galt auch sonst für sehr tüchtig.» Ich hab's!«, sagte er noch einmal.» Die Klugheit war an allem schuld[22]. Und nur die Dummheit kann uns retten. « Weil sie ihn zweifelnd（疑虑地）anschauten, fuhr er fort:»Uns bleibt kein andrer Ausweg（m. 出路）. Wir müssen uns dumm stellen. Sonst

19　熟语,意为"我得先关心更加亲近的人"。

20　（sich〈D.〉）etw. wischen 擦拭,擦净……

21　我明白了

22　an etw.（D.）schuld sein 对……负有过错,这里的 allem 为 alles 的第三格形式。

lassen uns die Könige, der Kaiser und der Sultan nicht in Ruhe（jn. in Ruhe lassen 让某人消停、静一静）.«»Aber wie stellt man sich dumm?«, fragte der Grobschmied（m. 锻工）. »Es wird nicht ganz leicht sein«, antwortete der Schweinehirt. »Dumm zu scheinen, ohne dumm zu sein, verlangt viel Scharfsinn（m. 机敏）. Nun, wir sind gescheite Leute, und so werden wir's schon schaffen.«»Bravo!«, rief der Schneidermeister.» Dummsein[23] ist mal was andres!«[24] Und auch den Übrigen gefiel der Vorschlag des Schweinehirten ausgezeichnet. Die nächsten zwei Monate übten sie das Sichdummstellen[25] ganz im Geheimen（秘密地）. Dann erst traten sie mit ihrem ersten Streich ans Licht der Öffentlichkeit（出现在公众面前）: mit dem Bau ihres neuen dreieckigen（dreieckig 三角形的）Rathauses. Das machte ihnen einen diebischen（diebisch 对……暗自高兴的）Spaß. Nur der Schulmeister（m. 教书先生）hatte Bedenken. »Denn«, sagte er, » wer sich gescheit stellt, wird davon noch lange nicht richtig gescheit. Wer sich aber lange genug dumm stellt, der wird, fürchte（fürchten 担心、恐怕）ich, eines Tages wirklich dumm.« Als ihn die anderen auslachten, rief er ärgerlich：

23　n. 这是短语 dumm sein 的动名词形式

24　希尔德市民几经思考，最终发现聪明原来是打乱他们生活的罪魁祸首。为了避免再次受到外界的干扰，希尔德市民决定用装傻来换回昔日的宁静。

25　n. 这是短语 sich dumm stellen 的动名词形式

»Da habt ihr's! Es fängt schon an!« »Was fängt schon an?«, fragte der Hufschmied (m. 马掌匠) neugierig. » Eure Dummheit!«, rief der Schulmeister. Da lachten sie ihn aus.

Tag 13

　　希尔德市民打算建一座市政厅，可是市政厅建成后出了问题——他们在里面跌跤，磕磕绊绊，竟然是因为里面漆黑一片。为了把阳光带到市政厅内，希尔德市民想了很多办法。他们本想将阳光像水一般盛在容器内运至市政厅内，后来他们听从一名流浪汉的建议拆掉屋顶，却又遭到了风吹雨淋。最后，他们总算发现了问题所在，并找出了一个合理的解决方案。

DIE SCHILDBÜRGER BAUEN EIN RATHAUS

Der Plan, das neue Rathaus nicht viereckig (四角的), sondern dreieckig zu bauen, stammte vom Schweinehirten. Er hatte, wie schon gesagt[1], den Schiefen Turm von Pisa erbaut, der mittlerweile eine Sehenswürdigkeit geworden war, und erklärte stolz: » Ein dreieckiges Rathaus ist noch viel sehenswerter (sehenswert 值得一看的) als ein schiefer Turm. Deshalb wird Schilda noch viel berühmter werden als Pisa!« Die andern hörten das mit großem Behagen[2]. Denn auch die Dummen werden gern berühmt. Das war im Mittelalter nicht anders als heute.

So gingen also die Schildbürger schon am nächsten Tag morgens um sieben an die Arbeit[3]. Und sechs Wochen später hatten sie die drei Mauern aufgebaut. In der dem Marktplatz zugekehrten[4] Breitseite (f. 横侧面) war ein großes Tor ausgespart (aus/sparen 腾出, 留出) worden. Und es fehlte nur noch das Dach. Nun, auch das Dach kam bald zustande, und am Sonntag darauf (随后) fand die feierliche Einweihung (f. 落成仪式) des neuen Rathauses statt.

1 正如所说过的那样

2 n. 惬意, 这个短语意为"极其惬意地"。

3 an die Arbeit gehen 开工

4 转向的, zu/kehren 的第二分词形式。

110 | TAG 13

Sämtliche Einwohner erschienen in ihren
Sonntagskleidern (Sonntagskleid n. 周日穿的
好服装) und begaben sich[5], mit dem
Schweinehirten an der Spitze, in das weiß
gekalkte[6], dreieckige Gebäude. Doch sie waren
noch nicht an der Treppe, da purzelten sie auch
schon durcheinander, stolperten (stolpern 绊跟
头) über fremde Füße, traten irgendwem auf
die Hand, stießen mit den Köpfen zusammen
und schimpften wie die Rohrspatzen (Rohrspatz
m. 芦鸦, 大苇莺). Die drin waren, wollten
wieder heraus. Die draußen standen, wollten
unbedingt hinein.[7] Es gab ein fürchterliches
Gedränge! Endlich landeten sie alle, wenn auch
zerschunden (伤痕累累的) und mit Beulen und
blauen Flecken (带着肿块和淤青), wieder im
Freien (在室外、露天), blickten einander ratlos
(迷惘地) an und fragten aufgeregt: »Was war
denn eigentlich los? « Da kratzte sich der
Schuster (m. 鞋匠) hinter den Ohren und
sagte: »In unserm Rathaus ist es finster (昏黑
的)! « »Stimmt!«, riefen die andern. Als aber
der Bäcker fragte: » Und woran liegt das? «,
wussten sie lange keine Antwort. Bis der
Schneider schüchtern (谨慎地) sagte: » Ich
glaube, ich hab's. « »Nun? « »In unserm neuen

5 sich (A.) irgendwohin begeben 前往

6 用石灰浆粉刷了的, kalken 的第二分词形式。

7 市政厅落成了, 希尔德市民蜂拥而入, 却因黑暗而跌撞成一片, 最后狼狈逃出。

Rathaus«, fuhr der Schneider bedächtig（深思熟虑地）fort,»ist kein Licht（n. 光线）!« Da sperrten sie Mund und Nase auf und nickten（nicken 点头）zwanzigmal. Der Schneider hatte Recht. Im Rathaus war es finster, weil kein Licht drin war!

Am Abend trafen sie sich beim Ochsenwirt, tranken ein Bier und beratschlagten（beratschlagen 商量, 讨论）, wie man Licht ins Rathaus hineinschaffen（弄进来）könne. Es wurden eine ganze Reihe Vorschläge gemacht. Doch sie gefielen ihnen nicht besonders. Erst nach dem fünften Glas Braunbier（n. 麦芽啤酒）fiel dem Hufschmied das Richtige[8] ein.»Das Licht ist ein Element（n. 元素）wie Wasser«, sagte er nachdenklich（沉思地）.»Und da man das Wasser in Eimern ins Haus trägt, sollten wir's mit dem Licht genauso machen!«»Hurra（好啊）!«, riefen sie alle.»Das ist die Lösung! «

Am nächsten Tag hättet ihr auf dem Marktplatz sein müssen! Das heißt, ihr hättet gar keinen Platz gefunden. Überall standen Schildbürger mit Schaufeln（Schaufel f. 铁锹）, Spaten（m. 铁铲）, Besen（m. 扫帚）und Mistgabeln（Mistgabel f. 粪叉）und schaufelten（schaufeln 用铲挖）den Sonnenschein in Eimer

8　这里是形容词 richtig 的名词化形式, 意为"正确的事"。

und Kessel（m. 烧水壶），Kannen，Töpfe，Fässer und Waschkörbe（Waschkorb m. 装衣物的篮子）. Andre hielten große, leere Kartoffelsäcke（Kartoffelsack m. 装土豆的袋子）ins Sonnenlicht, banden dann die Säcke geschwind（快速地）mit Stricken zu（zu/binden 扎紧）und schleppten（schleppen 拖，拽）sie ins Rathaus. Dort banden sie die Säcke auf（auf/binden 解开），schütteten das Licht ins Dunkel und rannten wieder auf den Markt hinaus, wo sie die leeren Säcke von neuem aufhielten（auf/halten 张开）und die Eimer und Fässer und Körbe wieder voll schaufelten. Ein besonders Schlauer[9] hatte eine Mausefalle（f. 捕鼠器）aufgestellt und fing das Licht in der Falle. So trieben sie es bis zum Sonnenuntergang（m. 日落）. Dann wischten sie sich den Schweiß（m. 汗水）von der Stirn und traten gespannt（急切地，好奇地）durch das Rathaustor. Sie hielten den Atem an（an/halten 憋住，屏住）. Sie sperrten die Augen auf. Aber im Rathaus war es noch genauso dunkel wie am Tag zuvor（先前的）.[10] Da ließen sie die Köpfe hängen und stolperten wieder ins Freie（到室外，到露天地儿）. Wie sie so auf dem Markt herumstanden（herum/stehen 闲站着），kam

9　这里是形容词名词化形式，意为"狡猾之人"。

10　为了将阳光带至市政厅内，希尔德市民忙成一团，各种容器先后上阵，可是市政厅内依旧漆黑一片。

ein Landstreicher（m. 流浪者）des Wegs und fragte, wo es denn fehle. Sie erzählten ihm ihr Missgeschick（n. 倒霉事儿）und dass sie nicht ein noch aus wüssten. Er merkte, dass es mit ihrer Gescheitheit nicht weit her sein konnte, und sagte:»Kein Wunder, dass es in eurem Rathaus finster ist! Ihr müsst das Dach abdecken（拆下）!«Sie waren sehr verblüfft （惊讶的, 错愕的）. Und der Schweinehirt meinte:»Wenn dein Rat gut sein sollte, darfst du bei uns in Schilda bleiben, solange du willst.« »Jawohl（是的）«, fügte der Ochsenwirt hinzu （hinzu/fügen 补充, 添加）,»und essen und trinken darfst du bei mir umsonst[11]!«Da rieb sich der Landstreicher die Hände, ging ins Wirtshaus und bestellte eine Kalbshaxe（f. 牛腿）mit Kartoffelsalat und eine Kanne Bier. Tags darauf（次日）deckten die Schildbürger das Rathausdach ab, und o Wunder! Mit einem Male（一下子）war's im Rathaus sonnenhell （阳光般明亮的）! Jetzt konnten sie endlich ihre Ratssitzungen（Ratssitzung f. 乡镇会议） abhalten（举行）, Schreibarbeiten（Pl. 文书工作）erledigen, Gemeindewiesen verpachten [12], Steuern einkassieren und alles Übrige[13] besorgen, was während der Finsternis im

11 免费地, 意思等同于 kostenlos。

12 出租, 短语 jm. etw. verpachten 租给某人某物

13 这里是形容词 übrig 的名词化形式, 意为"一切其他事物"。

114 | TAG 13

Rathaus liegen geblieben war. Da es damals Sommer war und ein trockner Sommer obendrein （此外）, störte es nicht weiter, dass sie kein Dach überm Kopf hatten. Und der Landstreicher lebte auf ihre Kosten （auf jds. Kosten 由某人承担费用）im Gasthaus, tafelte （tafeln 欢宴）mittags und abends, was das Zeug hielt[14], und kriegte einen Bauch （肚子大了起来，指吃胖了）.

Das ging lange Zeit gut. Bis im Herbst graue Wolken am Himmel heraufzogen （herauf/ziehen 涌起；来临）und ein Platzregen （m. 骤雨，暴雨）einsetzte. Es hagelte （hageln 下冰雹）sogar. Und die Schildbürger, die gerade in ihrem Rathaus ohne Dach saßen, wurden bis auf die Haut nass. Dem Hufschmied sauste[15] ein Hagelkorn （n. 雹子）, groß wie ein Taubenei （n. 鸽子蛋）, aufs Nasenbein （n. 鼻骨）. Der Sturm riss[16] fast allen die Hüte vom Kopf. Und sie rannten durchnässt （湿透了、落汤鸡一般地）nach Hause, legten sich ins Bett, tranken heißen Fliedertee （m. 接骨木花茶）und niesten （niesen 打喷嚏）wie die Schöpse （Schöps m. 蠢驴）.[17]

Als sie am nächsten Morgen mit warmen Tüchern um den Hals und mit roten,

14 竭尽全力地……，此处意为"尽其所能地欢宴"。

15 sausen 重重地撞击，这里的句型为 etw. saust jmdm. auf etw. （A.）, 意为"某物砸在某人的……上"。

16 reißen 撕扯，掀掉，这里的句型为 etw. reißt etw. von etw., 意为"某物将……从……上掀下"。

17 拆掉房顶后的市政厅终于有了亮光，但是好景不长，当雨雪冰雹等恶劣天气来袭时，希尔德市民依然狼狈无助。

geschwollenen（geschwollen 肿了的）Nasen zum Ochsenwirt kamen, um den Landstreicher zu fragen, was sie nun tun sollten, war er verschwunden. Da sie nun niemanden hatten, der ihnen hätte helfen können, versuchten sie es noch ein paar Wochen mit dem Rathaus ohne Dach. Als es dann aber gar zu schneien begann und sie wie die Schneemänner am Ratstisch（m. 会议桌）hockten, meinte der Schweinehirt: »Liebe Mitschildbürger, so geht es nicht weiter. Ich beantrage（beantragen 申请）, dass wir, mindestens für die nasse Jahreszeit, das Dach wieder in Ordnung bringen.« Sein Antrag wurde von allen, die sich erkältet hatten, angenommen. Es waren die meisten. Und so deckten sie den Dachstuhl, wie vorher, mit Ziegeln. Nun war's im Rathaus freilich wieder stockfinster（漆黑一片的）. Doch diesmal wussten sich die Schildbürger zu helfen. Jeder steckte sich einen brennenden[18] Holzspan（m. 刨花）an den Hut. Und wenn es auch nicht sehr hell war, so konnten sie einander doch wenigstens ungefähr erkennen. Leider begannen die Späne nach einer Viertelstunde zu flackern（火光闪烁）. Nach einer halben Stunde roch es nach angebrannten[19] Hüten.[20] Und schon saßen die Männer, wie vor

18 燃着的，动词 brennen 的第一分词形式

19 点着了的，动词 an/brennen 的第二分词形式，有被动含义。

20 再次封上市政厅的房顶后，希尔德市民为了照明，将燃着的刨花放在帽子旁，却因此烧糊了帽子。

Monaten, im Dunkeln. Es war ganz still geworden. Sie schwiegen vor lauter Erbitterung （f. 愤怒）.

Plötzlich rief der Schuster aufgeregt：»Da! Ein Lichtstrahl （m. 光线）!«Tatsächlich! Die Mauer hatte einen Riss （m. 裂缝）bekommen, und durch ihn hindurch tanzte ein Streifen Sonnenlicht! Wie gebannt （如同着魔一般）starrten sie auf den goldenen Gruß von draußen. » O wir Esel[21]! «, brüllte da der Schweinehirt.»Wir haben ja die Fenster vergessen!«Dabei sprang er auf （auf/springen 跳起来）, fiel im Dunkeln über die Beine des Schmieds und schlug sich an der Tischkante （f. 桌子角）drei Zähne aus[22]. So war es. Sie hatten tatsächlich die Fenster vergessen! Sie stürzten nach Hause, holten Spitzhacken （Spitzhacke f. 尖头十字镐）, Winkelmaß （n. 角尺）und Wasserwaage （f. 水平仪）, und noch am Abend waren die ersten Fenster fix und fertig （完全就绪的）. So wurden die Schildbürger zwar nicht wegen ihres dreieckigen Rathauses, sondern vielmehr durch die vergessenen Fenster berühmt. Es dauerte nicht lange, so kamen auch schon die ersten Reisenden[23] nach Schilda, bestaunten （bestaunen 钦佩，惊羡）die

21 口语,意为"我们这些蠢货啊"。

22 sich aus/schlagen 磕掉,撞掉,短语为 sich (D.) etw. aus/schlagen。

23 动词 reisen 第一分词 reisend 的名词化形式,意为"游客",相当于 Touristen。

Einwohner, übernachteten und ließen überhaupt ein gutes Stück Geld in der Stadt. »Seht ihr«, sagte der Ochsenwirt zu seinen Freunden, »als wir gescheit waren, mussten wir das Geld in der Fremde（在他国）verdienen. Jetzt, da wir dumm geworden sind, bringt man's uns ins Haus!«[24]

24　在最终解决了市政厅黑暗无光的问题后，游客们慕名纷至沓来，这为当地带来了可观的收入。希尔德市民还为他们的愚笨而感到洋洋自得，令人啼笑皆非。

Tag ▶ 14

　　食盐紧缺，希尔德市民想到了一个好主
意，他们想像种植蔗糖一样种植食盐。种植
期间，他们精心照料，小心呵护，可他们最后
能够如愿地种出食盐吗？

★　★　★

　　国王打算对希尔德进行考察，并做出了
令希尔德市民为之心动的承诺。为此希尔德
市民也忙活了起来，他们要通过赛诗来选出
一位市长，谁最终能够脱颖而出呢？

DER VERSALZENE GEMEINDEACKER

Eines schönen Tages wurde in Schilda das Salz knapp（缺少的）. Und die Händler（m. 商贩）, die durchs Land zogen（走遍各地）, hatten keines zu verkaufen. In Salzburg sei Krieg, erzählten sie. Und in Salzbrunn（萨尔茨布伦,德国城市名）und in Salzwedel（萨尔茨韦德尔,德国城市名）auch. Und man müsse warten, bis der Krieg vorüber（过去）sei. Das missfiel den Schildbürgern[1]. Denn Butterbrot ohne Salz, Kartoffeln ohne Salz und Suppen ohne Salz schmeckten ihnen und ihren Kindern ganz und gar（一点也不）nicht. Deshalb beratschlagten sie, was geschehen solle. Und weil ihr Rathaus nun helle Fenster hatte, fiel ihnen auch gleich etwas Pfiffiges[2] ein. Da der Zucker auf Feldern wachse, meinte einer, sei es wohl mit dem Salz nicht anders. Man brauche deshalb auf dem Gemeindeacker（m. 乡镇农田）, der noch brachliege（brach/liegen 荒弃）, nur Salz auszusäen（aus/säen 播下,撒下）— alles andre werde sich dann schon finden. So geschah's. Sie streuten（streuen 播撒）die Hälfte ihres Salzvorrats（Salzvorrat m. 食盐储备）auf den Acker, stellten Wachposten（m. 哨兵）mit langen Blasrohren（Blasrohr n. 吹箭

1 missfallen 令人厌烦, 为 gefallen 的反义词, 句型为 etw. missfällt jmdm.。

2 这里为形容词 pfiffig 的名词化形式, 意为"一些机灵的东西"。

筒）an den Rändern des Feldes auf, für den Fall, dass die Vögel das Salz würden stehlen wollen, und warteten ab（ab/warten 耐心等待）. Schon nach ein paar Wochen grünte（grünen 变绿）der Acker, dass es eine Lust war. Das Salzkraut[3] schoss nur so in die Höhe[4]. Die Feldhüter（m. 守田人）saßen mit ihren Blasrohren auf der Lauer（暗中守候）. Aber die Vögel blieben zum Glück aus（aus/bleiben 外出未归）. Und die Schildbürger rechneten schon nach（nach/rechnen 推算）, wie viel Salz sie ernten würden. Hundert Zentner[5], meinten sie, könnten sie vermutlich sogar exportieren（出口）.[6] Doch da kamen die Kühe und Ziegen aus dem Nachbardorf! Die Kühe und Ziegen kamen also und trampelten（trampeln 踩踏）in dem herrlich wachsenden Salzkraut herum. Die Feldhüter schossen mit ihren Blasrohren, was das Zeug hielt. Doch das Vieh machte sich nichts draus. Die Schildbürger wussten sich wieder einmal keinen Rat. Bis der Hufschmied eine Haselnussgerte（f. 榛子枝条）von einem Strauch（m. 灌木）losriss（los/reißen 揪下，扯下）und aufs Feld stürzen wollte, um die Tiere zu verjagen（驱赶）.»Bist du toll?«, schrie der Bäcker.» Willst auch du noch unser Kraut

3　n. 这里可理解为"盐作物"

4　in die Höhe schießen 在此意为"疯长"。

5　m. 公担，重量单位，1 公担在德国相当于 50 公斤，在奥地利和瑞士相当于 100 公斤。

6　由于食盐匮乏，希尔德市民从种植蔗糖想到了种植食盐，并派人小心看护，他们对此很是乐观。

niedertrampeln?« Und sie stürzten sich auf den Schmied und hielten ihn fest（fest/halten 抓住）. Da rief er:»Wie sonst soll ich denn das Vieh vertreiben, wenn ich nicht ins Feld laufen darf?«»Ich weiß einen Ausweg«, sagte der Schulmeister:»Du setzt dich auf ein Brett. Vier von uns heben dich mit dem Brett hoch. Und dann tragen sie dich ins Feld. Auf diese Weise wirst du kein einziges Hälmchen（n. 短茎）zertreten（踩坏, 踩踏）.« Alle waren von dem Vorschlag begeistert. Man trug, zu viert, den Schmied mit seiner Gerte（f. 枝条）über den Acker, und er verjagte das fremde Vieh, ohne dem Salzkraut auch nur ein Haar zu krümmen[7]![8]

Eine Woche später gerieten ein paar Kinder, obwohl es ihnen streng verboten war, beim Spielen ins Salzkraut hinein. Sie waren barfuß（赤着脚）und sprangen, kaum dass sie drin waren, schreiend wieder heraus und rannten wie der Wind nach Hause.»Es beißt schon!«, riefen sie aufgeregt und zeigten den Eltern ihre Füße und Waden（Wade f. 小腿肚子）. Überall hatten sie rote Flecken（m. 斑迹）, und es brannte（brennen 烧灼）fürchterlich.»Das Salz ist reif!«, rief der Schweinehirt.»Auf zur Ernte[9]!«[10]

7 jmdm. kein Haar krümmen 不会伤害某人一根头发

8 牛儿和羊儿来到了田里,马掌匠用榛树条驱赶它们,反而遭到了众人的阻拦及责备。他们找来一块儿木板,四个人抬着马掌匠进到田里驱赶牲畜。

9 口语,意为"去收割吧"。

10 孩童因打闹而误入农田,身上蹭到了田中的植物,因而起了红斑。人们看到这一场景后,认为所种的作物成熟了。

Die Schildbürger ließen ihre Arbeit stehen und liegen, spannten die Pferde und Ochsen vor die Erntewagen[11] und fuhren, mit Sicheln (Sichel f. 镰刀), Sensen (Sense f. 大镰刀) und Dreschflegeln (Dreschflegel m. 连枷), zum Gemeindeacker. Das Salzkraut biss ihnen in die Beine, dass sie wie die Lämmer (Lamm n. 羔羊) herumhüpften (herum/hüpfen 跳来跳去). Es zerkratzte (zerkratzen 挠破, 抓破) ihnen die bloßen Arme. Sie bekamen rot geschwollene Hände. Tränen traten ihnen in die Augen und rollten ihnen über die Backen (Backe f. 面颊). Und es dauerte gar nicht lange, so warfen sie die Sensen und Sicheln weg, sprangen weinend aus dem Acker, fuchtelten mit den brennenden Armen[12], Händen und Beinen im Wind und fuhren zur Stadt zurück. » Nun? «, fragten ihre Frauen. »Habt ihr das Salz schon abgeerntet (ab/ernten 将……收割完毕)?« Die Männer steckten die Hände und Füße ins kalte Wasser und sagten: »Nein. Es hat keinen Zweck. Das Salz ist uns zu salzig!«[13] Ihr wisst natürlich längst, was da auf dem Felde gewachsen war und was so beißen konnte. Es waren Brennnesseln! Ihr wisst es, und ich weiß es. Wir sind ja auch viel

11 短语 das Pferd vor den Wagen spannen, 意为"将马架在车前"。

12 fuchteln 挥舞, mit den Armen fuchteln 挥舞着胳膊。

13 众人涌入田中, 他们的皮肤同样因为接触到了这种植物而瘙痒、灼痛。他们在田中洋相尽出, 当被问及收割是否完毕时, 他们还将未能收割完的原因归结于食盐太咸。

gescheiter, als die Schildbürger waren.[14]

WER AM BESTEN REIMT, WIRD BÜRGERMEISTER

Da Schilda zum Kaiserreich Utopia（n. 乌托邦）gehörte, ist es weiter kein Wunder, dass dem Kaiser von Utopia die Dummheit der Schildbürger bald zu Ohren kam [15]. Da er sich aber in früheren Jahren oft bei ihnen Rat geholt hatte, hielt er das, was man neuerdings über ihre Streiche zu erzählen wusste, für Gerüchte（Gerücht n. 流言蜚语）und Gerede（n. 闲话）. Deshalb beschloss er, selber einmal nach Schilda zu reisen. Er schickte also einen Boten, kündigte seinen hohen Besuch an（an/kündigen 宣布）und ließ ausrichten（转达, 转告）, sie sollten ihm »halb geritten und halb gegangen[16]« entgegenkommen（迎接, 支配第三格宾语）, und wenn sich ihre Antwort auf seine Begrüßungsworte（Pl. 欢迎词）reime（sich reimen 和······押韵）, so werde er Schilda zur freien Reichsstadt ernennen（任命）und den Einwohnern die Umsatzsteuer（f. 营业税）erlassen（jm. etw. erlassen 免除某人的某物）.[17]

Die Aufregung in Schilda war natürlich

14 作者借助文中最后自夸的这句话对希尔德市民愚笨的行为进行了辛辣的嘲讽。

15 传入某人的耳中，句型为 etw. kommt jmdm. zu Ohren.。

16 这里的意思为"要么骑马，要么步行"。

17 国王即将前来希尔德视察并提前放出话来，如果希尔德市民的答复可以和他的欢迎词押韵的话，就将免除他们的营业税。

groß. Und im Rathaus ging es hoch her (气氛热烈). Denn wer von ihnen sollte denn dem Kaiser, wenn er käme, antworten? Noch dazu in gereimter[18] Form?» Das ist doch sonnenklar (明明白白的)!«, rief der Schuster.» Unser Bürgermeister muss das tun. «» Du hast gut reden«, erwiderte der Bäcker.» Wir haben doch gar keinen Bürgermeister!« Verdutzt (不知所措的) sahen sie einander an. Tatsächlich! Sie hatten vergessen, einen Bürgermeister zu wählen! Nun, sie beschlossen einstimmig (异口同声地，一致地), gleich am nächsten Tag das Versäumte[19] nachzuholen.» Und wen wollen wir wählen?«, fragte der Schweinehirt neugierig. Da meinte der Ochsenwirt:» Den, der bis morgen das beste Gedicht macht!« Der Vorschlag gefiel ihnen über alle Maßen (极其，非常). Und sie gingen schleunigst heim, um etwas Hübsches[20] zu dichten (作诗).[21] Denn jeder von ihnen wäre selbstverständlich gerne Bürgermeister geworden. In der folgenden Nacht schliefen sie alle miserabel (糟糕透顶地). Jeder lag in seinem Bett und versuchte, irgendetwas zu dichten. Reimen sollte sich's auch noch! Der Schweinehirt dichtete so angestrengt, dass seine Frau davon aufwachte.

18　押韵的，reimen 的第二分词形式

19　这里是形容词 versäumt 的名词化形式，意为"错过的东西"。

20　这里是形容词 hübsch 的名词化形式，意为"美好的东西"。

21　希尔德没有市长，为此他们想通过写诗来竞选出一位市长。

Sie zündete eine Kerze an（an/zünden 点燃）
und fragte, was mit ihm los sei. Da verriet er
ihr seinen Kummer.»Ich finde keinen Reim«,
klagte er,»und möchte doch Bürgermeister
werden！«

»Würde ich dann Bürgermeisterin?«,
erkundigte sie sich. Und als er nickte, begann
sie auf der Stelle eifrig nachzudenken. Schon
eine Viertelstunde später hatte sie ein
vierzeiliges（vierzeilig 四行的）Gedicht für ihn
fix und fertig und sagte es ihm auf（auf/sagen
背诵）.[22] Es lautete：

22　猪倌的妻子大笔
一挥，为他做诗一首并
将诗背诵出来。

»Katrine heißt die Gattin（f. 妻子,夫人）
mein,

möcht gerne Bürgermeist'rin sein,

ist schöner als mein schönstes Schwein

und trinkt am liebsten Moselwein（m. 摩
泽尔葡萄酒）.«

Sie sprach ihm das Gedicht
neunundneunzigmal vor, und er musste es
neunundneunzigmal nachsprechen（跟读）. Da
klingelte der Wecker, und der Schweinehirt
musste ins Rathaus.

Die meisten Gedichte, die man zu hören

kriegte, waren nicht viel wert. Der Schuster
deklamierte（deklamieren 朗诵）zum Beispiel：

»Ich bin ein Bürger und kein Bauer
und mache mir das Leben bitter（悲苦的）.«

»Das kann ich besser!« rief der Hufschmied
und dichtete：
»Ich bin ein Bürger und kein Ritter（m.
骑士）
und mache mir das Leben sauer.«

Doch auch seine Verse（Vers m. 诗）
fanden keinen rechten Anklang（m. 相似之处）.
So ging das eine ganze Weile hin, bis dann
der Schweinehirt aufgerufen（auf/rufen 点名）
wurde. Er holte tief Luft und sagte mit lauter
Stimme：

»Meine Frau, die heißt Katrine,
wär gerne Bürgermeisterin,
ist schwerer als das schwerste Schwein
und trinkt am liebsten Bayrisch Bier.«

Dass er damit den Vogel abschoss[23], wird
niemanden von euch wundern. Der Schweinehirt

23 （mit etw.）den
Vogel schießen〈口〉
胜出

wurde also unter Beifallsrufen（**Beifallsruf m.
掌 声**）zum Bürgermeister von Schilda
gewählt.[24] Und er und seine Frau waren
aufeinander sehr stolz.

[24] 虽然猪倌所作的诗并未押韵，但是这并没妨碍他最终当选市长。

Tag ▶ 15

国王即将来访并许下令人心动的承诺，希尔德市民可谓是费尽心思在做准备。他们能够迎合国王的心意吗？

★ ★ ★

为了锄去墙头的杂草，希尔德市民思来想去后做出了一个荒唐的决定，这个荒唐的决定造成了一个不好的结果，但是市长先生的结论却更加令人诧异。

DER KAISER BESUCHT DIE SCHILDBÜRGER

Als ihnen der Kaiser durch seinen Boten hatte ausrichten lassen, die Schildbürger sollten ihm » halb geritten und halb gegangen « entgegenkommen, hatte er gemeint, wer kein Pferd habe, könne getrost （安心地）zu Fuß gehen. Aber die Schildbürger zerbrachen sich die Köpfe. Erst dachten sie, sie sollten einen Fuß im Steigbügel （m. 马镫）und den anderen am Boden haben. Dann hatte der neue Bürgermeister einen noch besseren Einfall. »Wenn wir hölzerne （hölzern 木质的）Steckenpferde （Steckenpferd n. 〈扎在木棍上的〉木马头）ritten«, sagte er, »wären wir halb zu Pferd und halb zu Fuß!« Das war ein Gedanke recht nach ihrem Herzen （nach jds. Herzen 正合某人之意）.[1] Sie ließen sich beim Schreiner （m. 木匠）Steckenpferde schnitzen, weiße, braune, schwarze und fuchsrote （fuchsrot 狐红色的）, und als der Kaiser in seiner Galakutsche （f. 华丽的马车）angemeldet worden war, sprengte ihm ganz Schilda auf Holzpferdchen entgegen （〈jm.〉entgegen/sprengen〈朝某人〉迎面飞奔而来）. Der Anblick freute den Kaiser außerordentlich

1 希尔德市民误会了国王的话, 绞尽脑汁去想一个解决方案, 结果闹出了笑话。

（尤其地）. Deswegen war er später dem Bürgermeister auch nicht sonderlich（特别地）böse, als dieser auf die kaiserlichen Grußworte keinen Reim wusste. Und die Umsatzsteuer erließ er ihnen trotzdem. Das freute nun wieder die Schildbürger. Und so wurde des Kaisers Aufenthalt[2] zu einem rechten Fest. Er lachte in einem fort（一个劲地）, und weil sein Leibarzt（m. 御医）sagte, Lachen sei gesund, blieb er sogar einen Tag länger.[3] Zum Abschied schenkten sie ihm einen großen Topf mit hausgemachtem（hausgemacht 自家制的）Senf（m. 芥末）. Es war nur schade, dass der Bürgermeister den Topf beim Überreichen（n. 递交）fallen ließ. Er bückte sich（sich〈A.〉bücken 弯下身子）, griff eine Hand voll Senf und wollte den Kaiser wenigstens kosten（品尝）lassen. Aber der hohe Besuch（贵宾）dankte bestens und meinte, er habe gerade keinen Appetit. Stattdessen überreichte[4] er dem Bürgermeister einen mit Wappen（n. 徽章）und Siegel（n. 印章）geschmückten Freibrief（m. 特许证书）, worin den Schildbürgern völlige Narrenfreiheit（f. 搞笑的自由）zugesichert[5] wurde. So dumm sie sich auch benahmen, hieß es in dem Schreiben（n. 公文）, sei es doch bei

2　在皇帝逗留期间。此处为二格前置。

3　希尔德市民的笑话逗乐了国王。他忽略了他们未能以押韵方式回应欢迎词的过失，继续兑现了他先前的承诺。因为希尔德市民让他开怀大笑，这对他的健康是大有好处的。

4　überreichen 递交，jmdm. etw. überreichen 递交给某人某物

5　zu/sichern 承诺，保证，短语 jmdm. etw. zu/sichern 保证某人某事。

Strafe verboten, sie zu höhnen （嘲讽），
auszulachen und auszupfeifen （aus/pfeifen
对……吹口哨）. Wer es trotzdem tue, müsse
eine Narrenmütze （f. 丑角戴的滑稽帽）mit
drei Schellen （Schelle f. 小铃铛）tragen und
den Schildbürger, den er gekränkt （kränken 伤
害，羞辱）habe, im Gasthaus zu einem Essen
mit drei Gängen （m. 菜肴）einladen.[6]

Die Schildbürger schrien »Hurra!« und
sprengten neben dem Galawagen her （her/
sprengen 飞奔而来），bis ihre Holzpferde müde
wurden. Der Kaiser reichte dem Bürgermeister
zum Schluss gnädig （仁慈的，怜悯的）die
Hand aus dem Wagenfenster. Der Bürgermeister
schüttelte （die Hände schütteln 握手）sie
herzlich. Leider nahm er dazu die Hand, die er
in den Senf getunkt （tunken 蘸，浸）hatte. Er
merkte es aber gar nicht. Nur der Kaiser, der
merkte es.

6 国王为希尔德市民
颁布了特许证书。他
们的愚笨是受保护的，
旁人不得嘲讽，不遵守
者会受到相应的处罚。

DIE KUH AUF DER ALTEN MAUER

Kaum dass der Kaiser abgereist （ab/reisen
启程，动身上路）war, wendeten sich die
Schildbürger wieder mit neuem Mut und Eifer
ihren Berufen zu （sich 〈A.〉 jm./etw. 〈D.〉
zu/wenden 转向）. Der Schmied beschlug die

Pferde. Der Schulmeister brachte den Kindern das Einmaleins（n. 两数乘法表）mit der Sieben bei. Der Schuster besohlte die Schuhe. Der Bäcker buk das Brot. Und der Herr Bürgermeister spazierte durch Schilda um nachzusehen, ob in der Stadt auch alles in bester Ordnung sei.[7] Dabei musste er feststellen, dass auf der Mauer eines Hauses, das vor Jahren altersmüde（老朽破旧地）eingestürzt（ein/stürzen 倒塌）war, schönes grünes Gras und würzige Krauter wuchsen. Diesen Übelstand（m. 弊病）brachte er während der nächsten Sitzung zur Sprache[8] und erklärte, es sei eine Sünde（f. 罪过，罪孽）und Schande（f. 耻辱）, dass Gras und Krauter auf der Mauer nutzlos（毫无用处地）wüchsen, blühten（blühen 盛开）und verkämen. Der Ochsenwirt schlug vor, die Mauer abzumähen（ab/mähen 割掉）, und wer die Mahd（f. 割下来的草）einbringe（ein/bringen 收进）, der dürfe sie verfüttern（喂〈牲口〉）.[9]

Es meldete sich aber niemand. Denn alle miteinander fanden den Vorschlag zu gefährlich. Die Mauer war hoch und brüchig（风化的）. Und keiner wollte mit der Sense oder der Sichel hinaufklettern und sich dabei womöglich den

7 国王的来访给希尔德市民注入了新的动力，大家安居乐业，市长先生通过步行进行视察。

8 功能动词结构 etw.（A.） zur Sprache bringen 意为"讨论某事"。

9 残破墙头上的草令市长先生不满，他在会上讨论了这个问题，并承诺：割下这些草的人可将这些草喂给牲畜。

Hals brechen. Schließlich und nach langen Debatten（Debatte f. 辩论）fand der Schreiner einen Ausweg. Er sagte：»Wenn schon das Vieh die Mauer kahl（光秃的）fressen soll, dann, finde ich, soll es auch selber hinaufklettern.« Dieser plausible（plausibel 有 说 服 力 的）Antrag wurde einstimmig angenommen.

Außerdem wurde man sich einig, dass[10] der Kuh des Bürgermeisters die Ehre gebühre [11]. Denn der Bürgermeister habe ja das Gras und die Kräuter droben（上边）auf der Mauer entdeckt.

Am nächsten Morgen wurde also die bürgermeisterliche Kuh feierlich zur Mauer geleitet. Der Bürgermeister band das Halfter los und sagte：»So, Minna! Nun klettre hinauf und friss!« Aber die Kuh Minna dachte nicht im Traum daran hinaufzuklettern! Man schob sie, sechs Mann hoch, dicht an die Mauer. Der Bürgermeister schlug ihr eins hintendrauf（后 边）.（Nicht der Mauer, sondern der Kuh.）Es half alles nichts. Minna wollte nicht.

Da holten sie einen langen Strick（m. 麻 绳）, banden ihn der störrischen Kuh um den Hals（围着脖子）, warfen das Ende des Stricks über die Mauer und zogen und zerrten und

10 sich（D.）einig sein/werden, 表示"意见一致的"。

11 etw. gebührt jmdm., 意为"某人应得……"。

hingen am Seil wie die Küster（m. 教堂司事）
an der Kirchenglocke. Dem armen Tier quoll[12],
wie es so in der Luft baumelte（baumeln 晃
动）, die Zunge aus dem Maul.»Seht ihr?«,
rief der Schneider.»Sie kriegt schon Appetit!«
Und die anderen brüllten munter：»Hau ruck
（口语，意为"哼唷"）! Hau ruck! Hau ruck!«
Minnas Atemnot（f. 呼吸困难）wurde immer
ärger[13]. Ihre Zunge wurde immer länger.
»Gleich wird sie fressen!«, meinte der Schmied.
Aber sie fraß nicht. Sie verdrehte（verdrehen 翻
转）die großen dunklen Augen, zappelte noch
einmal mit den Haxen（Haxe f. 牛腿）, und aus
（完蛋了）war's. Man lockerte den Strick, ließ
Minna wieder zur Erde herunter und konnte nur
noch feststellen, dass sie tot war.[14] Es war ein
rechter Jammer（m. 遗憾之事）. Doch die
Schildbürger, dumm, wie sie seit einiger Zeit
waren, hielten nicht viel vom Jammern. Sie
schlachteten Minna, die Kuh, und veranstalteten
beim Ochsenwirt ein Festgelage（n. 铺张浪费
的宴席）. Mit Kuhfleisch. Auf der Speisekarte
stand »Kalbsschnitzel«. Minna, die Kuh, als
Kalbsschnitzel beim Ochsenwirt — man kann
verstehen, dass es dem Bürgermeister nicht
schmeckte.»Liebe Freunde«, sagte er zerknirscht

12　quellen 流出，此处意为"冒出，挤出，暴出"。

13　形容词 arg 的比较级形式，意为"更糟糕的"。

14　由于牛儿不愿自己走上墙头吃草，人们把绳子系在它脖子上，打算将它拖上墙头去，不料最终造成了牛儿的死亡。

（后悔地），»an Minnas vorzeitigem（**vorzeitig** 提前的，过早的）Ableben（**n.** 死亡）ist einzig und allein unser Scharfsinn und Verstand schuld. Hätte ich das Gras auf der Mauer nicht bemerkt und daraus gefolgert[15], dass es nutzbringend（有益的、有用的）verwendet werden müsse, wäre das brave Tier noch munter und guter Dinge. Ich fürchte, wir sind noch immer nicht dumm genug.«[16] Die anderen nickten nachdenklich. Und das Gras und die Kräuter auf der alten Mauer wiegten sich（**sich**〈A.〉 **wiegen** 摇曳）nach wie vor（一如既往地）im Sommerwind（**m.** 夏日的风）.

15　folgern 推断，短语 etw. aus etw. folgern，意为"从……推出……"。

16　市长先生后悔并非是因为牛儿的死，而是在于他们还是不够愚笨。这般荒唐的逻辑让人捧腹。

Tag ▶ 16

　　敌军的铁蹄就要踏至希尔德了，希尔德市民慌慌张张地转移着自己珍贵的家什物件，包括教堂的钟。在将钟沉入湖底后，他们还在为自己"聪明"的做法而洋洋得意，殊不知他们又犯下了一个愚蠢的错误……

★ ★ ★

　　一只螃蟹的出现打乱了希尔德市民平静的生活，他们开始误以为这只螃蟹具备裁剪的能力，有人甚至还拿了一块布料来试。当螃蟹弄坏了布料后，他企图将螃蟹扔至一旁，不料却遭到了螃蟹的攻击。人们起诉了这只螃蟹，而法官宣判的结果却令人忍俊不禁。

DIE VERSUNKENE GLOCKE

Mittlerweile war der Krieg, an Salzburg und Salzwedel vorbei, durchs Land gezogen und schien sich in bedenklicher（bedenklich 令人忧虑的）Weise dem Städtchen Schilda zu nähern. Das erfüllte die Schildbürger und ihre Ratsherren mit großer Sorge[1]. Denn ob nun die jeweiligen Sieger oder die arg Besiegten[2] in eine Stadt kamen, es war immer dasselbe: Die Soldaten gingen in die Häuser und nahmen sich, zur Erinnerung an die große Zeit, mit, was sie fanden, ob das nun silberne Patenlöffel（m. 教父赠给教子的银勺），Konfirmationsuhren（Konfirmationsuhr f. 坚信礼钟），Tischdecken（Tischdecke f. 桌布），Porzellanteller（m. 陶瓷盘子），Samtwesten（Samtweste f. 丝绒背心）oder Trauringe（Trauring m. 结婚戒指）waren. Ihnen war alles recht[3]. So versteckten（verstecken 藏）die Schildbürger geschwind, was ihnen teuer und wert war. Nur mit der Kirchenglocke wussten sie nichts anzufangen. Sie war aus bester Bronze（f. 青铜）und ziemlich groß. Und man kannte damals schon die Vorliebe（f. 偏爱）der Kriegsleute für Kirchenglocken. Entweder holte die eigene Partei das tönende Erz（m. 铜合金）aus den

1 f. 忧愁，短语 etw. erfüllt jmdn. mit Sorgen 某事令某人担忧。

2 这里为动词 besiegen 第二分词的名词化形式，意为"战败者、被战胜者"。

3 一切都合他们的意思

Glockenstühlen（Glockenstuhl m. 钟架）, um Hellebarden（Hellebarde f. 长柄斧）und Spieße（Spieß m. 矛, 枪）draus zu fertigen（制作）, oder die Feinde nahmen die Glocken als Andenken mit. So oder so, es war kaum zu vermeiden.[4] Nun lag aber ganz in der Nähe von Schilda ein stiller, tiefer See. Und der Bürgermeister sagte：»Ich hab's. Wir versenken die Glocke im See, und wenn der Krieg vorbei ist, holen wir sie wieder heraus.« Gesagt, getan[5]. Sie holten die Glocke aus dem Kirchturm, hoben sie auf einen Wagen, spannten sechs Pferde davor, fuhren zum See hinaus, trugen sie schwitzend in ein Boot und ruderten（rudern 划行）ein Stückchen（n. 一小截距离）. Dann rollten sie die Glocke bis zum Bootsrand（m. 船沿）und warfen sie ins Wasser. Schon war sie verschwunden, denn sie wog zwanzig Zentner（m. 公担）.[6] Man sah nur noch ein paar Luftblasen（Luftblase f. 气泡）aufsteigen（上升, 此处指气泡泛出水面）. Das war alles. Anschließend zog der Schmied sein Taschenmesser aus der Joppe（f. 宽大的短上衣）und schnitt in den Bootsrand eine tiefe Kerbe（f. 凹痕）. »Warum tust du das?«, fragte ihn der Bäcker. »Damit wir nach dem Krieg

4　敌军将至, 希尔德市民将他们的珍贵物件都藏了起来, 可是却苦于不知如何藏匿教堂的钟。

5　谚语, 意为"说到做到"。

6　市长最终想出了一个点子, 他们要将教堂的钟沉入湖底。

wissen, wo wir die Glocke ins Wasser geworfen haben«, antwortete der Schmied. »Sonst fänden wir sie am Ende nicht wieder.« Sie bewunderten seine Vorsorge（f. 事先操心）, lobten ihn, bis er rot wurde, und ruderten ans Land zurück.[7] Nun, der Krieg machte zum Glück einen großen Bogen um[8] Schilda. Man sah nur am Horizont den Staub, den Heer（n. 陆军）und Tross（m. 军辎重队）aufwirbelten（auf/wirbeln 扬起, 卷起）. Niemand drang in die Häuser. Die Löffel, Uhren, Teller und Ringe wurden wieder aus den Verstecken hervorgeholt（hervor/holen 取出）. Und man fuhr mit dem Boot auf den See hinaus, um jetzt auch die Glocke zu heben. »Hier muss sie liegen!«, rief der Schmied und zeigte auf seine Kerbe am Bootsrand. »Nein, hier!«, rief der Bäcker, während sie weiterruderten. »Nein, hier!«, rief der Bürgermeister.

　　»Nein, hier!«, rief der Schuster. Wohin sie auch ruderten, überall hätte die Glocke liegen müssen. Denn die Kerbe am Boot war ja überall dort, wo gerade das Boot war. Mit der Zeit merkten sie, dass der Einfall des Schmieds gar nicht so gut gewesen war, wie sie seinerzeit （那时）geglaubt hatten. Sie fanden also ihre Glocke nicht wieder, sosehr sie auch suchten,

7　"聪明"的铁匠用小刀在船身上的沉钟处刻了记号，引来大家的一片称赞。

8　einen großen Bogen um etw. machen 绕过

und mussten sich notgedrungen （迫不得已地）
für teures Geld eine neue gießen （浇铸） lassen.[9]
Der Bäcker aber schlich sich eines Nachts
heimlich zu dem Boot und schnitt wütend die
Kerbe heraus. Dadurch wurde sie freilich nur
noch größer als vorher. Mit Kerben ist das so.

9 虚惊一场之后,希尔德市民想要将钟打捞起来,但发现铁匠先前的办法毫无用处。他们不得已又耗费了一笔款项来铸一口新钟。

EIN KREBS KOMMT VOR GERICHT

Eines Tages geriet ein Krebs （m. 螃蟹）
nach Schilda. Niemand hätte sagen können,
woher er kam, und keiner wusste, was er bei
den Schildbürgern wollte. Und da sie noch nie
in ihrem Leben einen Krebs gesehen hatten,
bemächtigte sich[10] ihrer eine beträchtliche
（beträchtlich 相当大的） Aufregung （f. 混乱,
骚动）. Sie läuteten mit der neuen
Kirchenglocke Sturm, stürzten zu der Stelle,
wo der Krebs umherkroch （umher/kriechen 到
处爬）, und wussten nicht, was tun. Sie rieten
und rätselten （rätseln 猜测） hin und her und
hätten gar zu gern gewusst, wen sie vor sich
hatten.[11] »Vielleicht ist es ein Schneider«, sagte
der Bürgermeister, »denn wozu hätte er sonst
zwei Scheren[12]?«

Schon holte einer ein Stück Tuch, setzte
den Krebs darauf und rief: »Wenn du ein

10 sich （A.） bemächtigen 某种感情袭来, etw. bemächtigt sich （A.） jmds. 支配第二格。

11 一只螃蟹的出现在希尔德市民当中引起了不小的骚动,他们议论纷纷,不知眼前究竟为何物。

12 Schere f. 剪刀,这里指的是螃蟹的一对螯。

Schneider bist, dann schneide mir eine Jacke zu （zu/schneiden 裁剪）! Mit weiten Ärmeln （Ärmel m. 袖子）und einem Halskoller （n. 宽衣领）!«Weil das Tier zwar auf dem Tuch vorwärts und rückwärts （朝后）einherspazierte （einher/spazieren 阔步走动）, aber den Stoff nicht zuschnitt, nahm der Schneidermeister von Schilda seine eigne große Schere und schnitt das Tuch genauso zu, wie der Krebs dahinkroch. Nach zehn Minuten schon war der Stoff völlig zerschnitten （被剪坏、剪碎的）. Von einer Jacke mit weiten Ärmeln und einem Halskoller konnte keine Rede sein.[13]»Mein schönes, teures Tuch!«, rief der Schildbürger. »Der Kerl hat uns angeführt （an/führen〈口〉欺骗）! Er ist gar kein Schneider! Ich verklage （verklagen 控告）ihn wegen Sachbeschädigung （f. 财产损害）!«Dann griff er nach dem Krebs und wollte ihn beiseite tun. Doch der Krebs zwickte （zwicken 掐, 拧）und kniff （kneifen 夹, 钳）ihn mit seinen Scheren so kräftig, dass der Mann vor Schmerz aufbrüllte. »Mörder!«, schrie er. »Mörder! Hilfe!«Nun wurde es dem Bürgermeister zu bunt[14].[15]

»Erst ruiniert （ruinieren 毁坏）er das teure Tuch«, sagte er, »und nun trachtet er einem

13 von etw. kann keine Rede sein 根本就谈不上⋯⋯

14 句型 jmdm. wird es zu bunt, 意为 "⋯⋯搞得某人心烦极了"。

15 一名希尔德市民被螃蟹的螯狠狠地夹了一下, 他大声呼救。

unserer Mitbürger nach dem Leben[16] – das kann ich als Stadtoberhaupt (n. 城市的首领) nicht dulden (容忍)! Morgen machen wir ihm den Prozess (m. 诉讼,起诉)!« So geschah es auch. Der Krebs wurde in einer förmlichen (**förmlich 正式的**) Sitzung vom Richter der mutwilligen (有意的,故意的) Sachbeschädigung und des versuchten Mordes angeklagt (**an/klagen 控告**). Augenzeugen (**Augenzeuge m. 目击证人**) berichteten unter Eid[17], was sich am Vortage (**Vortag m. 前一天**) zugetragen (**sich 〈A.〉 zu/tragen 发生**) hatte. Der amtlich bestellte Verteidiger (**m. 辩护人**) konnte kein entlastendes[18] Material (**n. 材料**) beibringen. So zog sich der hohe Gerichtshof zur Urteilsfindung (**f. 宣判**) kurz zurück und verkündete anschließend folgenden harten, aber gerechten (**gerecht 公正的**) Spruch (**m. 宣判词**) : »Der Delinquent (**m. 违法者**) gilt in beiden Punkten der Anklage als überführt. Mildernde Umstände (可使罪行减轻的情况) kommen umso weniger in Betracht[19], als der Angeklagte nicht ortsansässig (居住在本地的) ist und die ihm gewährte Gastfreundschaft übel (恶劣地) vergolten (**vergelten 报复**) hat. Er wird zum Tod verurteilt. Der Gerichtsdiener

16　trachten 追求,力求, jmdm. nach dem Leben trachten 企图谋害某人。

17　m.誓言,etw. unter Eid berichten, 对……宣誓作证。

18　这里是动词 entlasten 的第一分词形式,意为"减轻罪责的"。

19　该词仅用于短语 in Betracht Kommen 中,意为"考虑,顾及"。

（m. 法院服务人员） wird ihn ersäufen（将……溺死，等同于 ertränken）. Das Urteil gilt unwiderruflich（最终的，不容撤回的）. Die Kosten des Verfahrens trägt die städtische Sparkasse.«[20]

Noch am Nachmittag trug der Gerichtsdiener den Krebs in einem Korb zum See hinaus und warf ihn in weitem Bogen（远远地） ins Wasser. Ganz Schilda nahm an der Exekution（f. 处决） teil. »Es hilft nichts«, sagte der Bürgermeister. »Strafe muss sein.« Der Pastor（m. 牧师） war übrigens nicht mitgekommen. Weil er nicht wusste, ob der Krebs katholisch（天主教的） oder evangelisch（新教的） war.

20 在一场正式会议之后，法官对这起故意伤害案件进行了宣判，并最终判处这只螃蟹死刑，具体来说是将它扔进湖里溺死。

Tag ▶ 17

　　历史上，希尔德有很多市民也响应国王的号召而投身战争。其中有一位名为 Kilian 的人留下了一段奇闻逸事。他在出征前让人将一块有年头的铁补丁缝在衣内，这块后来被人发现位置怪异的铁补丁却救了他的性命。

★ ★ ★

　　一个父亲领着孩子前来求学，这本是好事，可是父亲和老师沟通交流的结果却令老师恼火不已，父亲最终领着孩子离开了学校。这位父亲都说了些什么呢？

DAS HERZ AUF DEM RECHTEN FLECK

Der Krieg hatte zwar um Schilda einen Bogen gemacht. Aber der Kaiser brauchte trotzdem Soldaten. So sandte er überallhin（到各处去）Boten, man sollte ihm waffenkundige（waffenkundig 懂武器的）und tapfere（tapfer 勇敢的）Leute schicken. Die Schildbürger taten ihre Pflicht und schickten ihm ein Dutzend（n. 十二个）wackre（wacker 正直的,诚实的）Männer. Sie kämpften unerschrocken（毫无畏惧地）in vielen Schlachten und Gefechten（Gefecht n. 交战,作战）. In der Chronik（f. 编年史）von Schilda kann man darüber nachlesen（查阅）. Dort erfährt man auch, dass von dem Dutzend, das in den Krieg zog, viele umkamen（um/kommen 死亡）und insgesamt nur zwölf nach Hause zurückkehrten. Einer der zwölf, Kilian mit Namen, besaß vom Großvater her（从······算起）ein hart geschmiedetes（geschmiedet 锻造出的）Eisenstück（n. 铁块儿）. Das ließ er sich, bevor er zu Felde zog（出战,出征）, vom Schneider an die Stelle nähen, worunter sein Herz säße. Und hätte er das nicht tun lassen, wäre es ihm später schlimm ergangen.[1] Denn als er einmal ein

---

1　这位名叫 Kilian 的士兵让人将铁补丁缝至他的盔甲内,这居然在日后挽救了他的性命。

feindliches（feindlich 敌方的）Huhn（n. 鸡）
verfolgte, liefen Bauern mit Spießen, Stangen
und Dreschflegeln hinter Kilian drein
（hinterdrein/laufen 跟在……后面跑）. Er
rannte nicht etwa, wie man ihm nachgesagt
（nach/sagen 背后议论、说）hat, vor den
Bauern davon. Dafür war er viel zu sehr mit der
Hühnerjagd（f. 捉鸡）beschäftigt. Weil er
fand, es sei nobler（nobel 显贵的）, ein
feindliches Huhn als den Feind selber
umzubringen. Und Hunger hatte er außerdem.
Jedenfalls, als er über einen Zaun sprang, blieb
er zappelnd[2] an einer Latte（f. 篱笆上的板条）
hängen. Die Bauern holten ihn ein（ein/holen
追上, 赶上）und schlugen so lange auf seinen
Hosenboden（m. 裤子臀部）los[3], bis Kilian
dadurch von der Zaunslatte freikam（frei/
kommen 摆脱）und, hinkend[4] und jammernd
und ohne Huhn, bei seiner Kompanie（f. 连队）
eintraf. »Mein Herz«, rief er, »mein Herz!«,
und hielt sich die Hose. Der Sanitätsfeldwebel
（m. 救护队中士）, der den Verletzten
untersuchte, fand dabei den Eisenfleck（m. 铁
补丁）, den der Schneider nicht ins Wams（n.
穿于甲胄内的上衣）, sondern eben in den
Hosenboden genäht hatte. »Das Eisen hat dich

2　这里是动词
zappeln 的第一分词形
式,意为"手足来回舞
动着地"。

3　los/schlagen 痛打,
短语 auf jmdn. los/
schlagen,意为"痛打某
人"。

4　这里是动词 hinken
的第一分词形式,意
为"一瘸一拐地"。

vor Schlimmerem[5] bewahrt（bewahren 保护）«,
meinte der Feldwebel,»aber warum hat es dir
euer Schneider an die falsche Stelle geflickt
（flicken 缝、缀）?« Da antwortete Kilian stolz：
»Weil der Schneider von Schilda weiß, wo bei
uns Schildbürgern das Herz sitzt!«[6]

ERZIEHUNG IN EINEM TAG ODER GAR NICHT

Ein Schildbürger fuhr mit seinem Sohn in
die Kreisstadt（f. 县）zum Schulmeister und
sagte：» Man rühmt（rühmen 称赞）deinen
Unterricht. Deshalb möchte ich meinen Jungen
ein wenig bei dir lassen.«»Was weiß er denn
schon?«, fragte der Lehrer und hörte dabei nicht
auf, einen Schüler zu verprügeln. » Er weiß
nichts«, antwortete der Schildbürger.»Und wie
alt ist er?«, fragte der Lehrer weiter. » Erst
dreißig Jahre «, meinte der Schildbürger
entschuldigend（带有歉意地），»was kann er
da schon gelernt haben! Ich selber bin
fünfundsechzig Jahre alt und weiß nicht das
Geringste（毫不，丝毫没有）! « » Also
meinetwegen（在我看来）«, erklärte der
Schulmeister. » Lass ihn hier! Doch wenn er
nicht pariert（parieren〈口〉听话）und lernt,

5　这里是形容词 schlimm 比较级的名词化形式,意为"更糟糕的事儿"。

6　"希尔德的裁缝知道希尔德人的心长在何处。"这句看似随口而出的回答令人捧腹。

kriegt er, trotz seiner dreißig Jahre, von mir genauso viel Prügel, als ob er zwölf wäre!« Das war dem Schildbürger recht. Er versprach auch, die Erziehung gut zu bezahlen. Dann gab er seinem Jungen zum Abschied eine Ohrfeige[7] und wollte gehen. » Einen Moment!«, rief der Lehrer. » Wie lange soll er denn in meiner Schule bleiben, und wann holst du ihn wieder ab?« » Bald «, sagte der Schildbürger. » Denn viel braucht er nicht zu lernen. Es genügt, wenn er so viel weiß wie du!«[8] Das verdross (verdrießen 惹怒，惹恼) den Lehrer ein wenig, und er wollte ganz genau wissen, wann der Junge abgeholt würde. »Ganz genau kann ich's dir nicht sagen«, meinte der Schildbürger. »Es hängt davon ab, wie lange euer Schmied braucht, meinem Pferd ein Hufeisen festzuschlagen (fest/schlagen 钉好). Es hat auf der Herfahrt (在来的路上) sehr geklappert (klappern 嗒嗒作响). Sobald das Eisen fest ist, hol ich ihn wieder ab.« »Du bist wohl nicht bei Trost (脑子不正常)！«, rief der Schulmeister. » Und wenn ich deinen Bengel prügelte, bis mir der Arm wehtäte, auch dann müsste ich ihn mindestens ein Jahr hier behalten, damit er etwas lernt!« Da nahm der Schildbürger seinen

7　f. 耳光，短语 jmdm. eine Ohrfeige geben，意为"打了某人一个耳光"。

8　父亲对儿子的期望并不高，仅仅是希望孩子学到老师那样的水平即可。

dreißigjährigen Sohn **wieder** bei der Hand[9] **und** suchte das Weite（离开）. **In der Tür sagte er nur noch**：» Dass Lernen wehtut und Geld kostet, mag hingehen[10]. Doch ein Jahr ist mir dafür zu schade. Dann soll er lieber so dumm bleiben wie sein Vater.«[11]

9　jmdn. bei der Hand nehmen，牵着某人的手

10　句型 etw. mag hingehen，意为"某事说得过去"。

11　不怕孩子挨揍，也不怕花钱，唯独无法忍受学习的时间。从父亲如此这般的表达可以看出，他对于学习是真的一窍不通。

Tag 18

　　希尔德市民居然不知道猫为何物，所以他们被一个外来人用猫骗走了一大笔钱。更要命的是，他们对猫要吃的食物产生了严重的误会，继而做出了荒唐的举动，而这一举动直接毁掉了他们的家园，他们因此不得不背井离乡，流落到了世界各地。

DIE FOLGEN DER DUMMHEIT FÜR SCHILDA UND DIE ÜBRIGE WELT

Dass man in Schilda keine Krebse kannte, wisst ihr schon. Dass man auch noch nie eine Katze gesehen hatte, ist wohl noch viel erstaunlicher. Umso besser wusste man mit Mäusen Bescheid. Sie waren in allen Kellern, Speichern（Speicher m. 仓库）und Küchen, in den Räucherkammern（Räucherkammer f. 熏制室）, beim Bäcker und nicht zuletzt（特别是）beim Ochsenwirt. Bei diesem kehrte eines Tages ein Wanderer ein, der eine Katze bei sich hatte. Da die Schildaer（希尔德的）Mäuse nicht wussten, was eine Katze ist, waren sie sehr zutraulich（温顺的）, und in einer halben Stunde hatte die fremde Katze zwei Dutzend Mäuse erlegt（erlegen 杀死）. Die Schildbürger wollten nun wissen, wie das Tier heiße und wie viel es koste. »Maushund（m. 鼠犬）heißt es«, sagte der Wanderer, »und weil Maushunde sehr selten sind, kostet mein Prachtexemplar（n. 精美样本）hundert Gulden.« Sie liefen zum Bürgermeister, erzählten ihm von dem Maushund und baten, er möge ihn für die Stadt anschaffen（购置）.

So geschah es. Als der Wanderer die

hundert Gulden bekommen hatte, machte er sich aus dem Staube, falls die Schildbürger der Kauf reuen（后悔）sollte. Kaum war er aus dem Stadttor hinaus, kam ihm auch schon jemand nachgelaufen und wollte wissen, womit man den Maushund füttern（喂养）müsse. Der Wanderer rannte, was das Zeug hielt, und rief hastig（急匆匆地）:»Nur Speck（m. 肥肉）frisst er nie!«Da schlug der Schildbürger die Hände überm Kopfe zusammen und lief verzweifelt in die Stadt zurück. Er hatte nämlich in der Eile（匆忙之间）statt »Nur Speck frisst er nie« verstanden:»Nur Menschen und Vieh!« Das Entsetzen（n. 震惊）war groß.»Wenn wir keine Mäuse mehr haben werden, wird er unser Vieh und uns selber fressen!«, riefen sie außer sich.»Wo hat er sich versteckt?«»Im Rathaus auf dem Speicher!« So umzingelten（umzingeln 包围）sie das Rathaus und schickten ein paar beherzte（beherzt 勇敢的）Männer hinein.[1]

Doch die Katze ließ sich nicht greifen. Sie kamen unverrichteter Sache[2] zurück.»Dann müssen wir den Maushund ausräuchern（用烟驱赶）«, rief der Bürgermeister.»Denn um wen war's mehr schade? Ums Rathaus oder um uns?« Da schrien alle »Um uns!« und steckten das

1 这名市民匆忙间听错的内容在希尔德市民中引发了极大的恐惧，他们决定捉住这只猫。

2 unverrichteter Dinge/ Sache 未能如愿以偿地，一无所获地

Rathaus in Brand（m. 火灾）[3], [4].

　　Als es der Katze zu heiß wurde, kletterte sie aufs Rathausdach. Und als die Flammen（Flamme f. 火焰）die Dachbalken（m. 屋梁）ergriffen, sprang sie mit einem Riesensatz（m. 远跳）aufs Nachbardach und putzte sich mit der Pfote（f. 爪子）den angesengten[5] Schnurrbart. »Schaut den Maushund an!«, rief der Schmied. » Er droht uns!« Und der Bäcker murmelte（murmeln 嘟嘟囔囔地说）zitternd[6]: » Wir schmecken ihm schon. « Da zündeten sie das Nachbarhaus an. Und weil die Katze von Dach zu Dach sprang und die Schildbürger in ihrer Todesangst（f. 极大的恐惧）Haus um Haus anzündeten, brannte um Mitternacht（午夜时分）die ganze Stadt. Am nächsten Morgen lag Schilda in Asche（被焚毁，成为灰烬）. Alles war verbrannt[7]. Nur die Katze nicht. Sie war vor Schreck in die Wiesen gelaufen und verschwunden.[8] Nun saßen die Schildbürger auf den Trümmern（Pl. 废墟）ihrer Stadt und ihrer Habe（f.〈雅〉财产）, waren froh, nicht gefressen worden zu sein, und beschlossen schweren Herzens（心情沉重地）, in alle Himmelsrichtungen auszuwandern. Das taten sie auch sehr bald. Und so kommt es, dass es

3　etw. in Brand setzen 放火焚烧

4　在一番商讨后，市长做出了焚烧市政厅来驱赶这只猫咪的荒唐决定。

5　an/sengen 将……略微烤糊，这里是动词 an/sengen 的第二分词形式，有被动含义。

6　这里是动词 zittern 的第一分词形式，在此充当副词，意为"颤抖着地"。

7　这里是动词 verbrennen 的第二分词形式，在此充当形容词，意为"被焚毁的"。

8　猫跳上邻近的房子，希尔德市民就点燃邻近的房子，直至整座城市被焚毁，猫依旧没被抓到。

154 | TAG 18

heutzutage die Stadt Schilda nicht mehr gibt und die Schildbürger auch nicht. Das heißt: Es gibt sie natürlich noch. Nur ihre Enkel und Urenkel (m. 曾孙) und deren Enkel und Urenkel leben über die ganze Erde verstreut[9]. Sie wissen gar nicht mehr, dass sie von den Schildbürgern abstammen (出身于).[10] Von Leuten also, die sich, um glücklich zu werden, dumm stellten und dadurch ins Unglück gerieten (陷入不幸), dass sie dumm wurden. Und sie können es auch gar nicht wissen. Denn heutzutage gelangen (到达, 抵达) die Dummen zu Ruhm und Rang, zu Geld und Glück genauso wie die Gescheiten[11].

Woran sollten also die Dummen auf unserer Erde merken, dass sie dumm sind?

Ein einziges Merkmal gibt es, woran man die Dummen erkennt: Mit dem, was sie erreicht haben, sind sie selten, aber mit sich selber sind sie stets zufrieden.

Gebt also gut Obacht (Obacht geben 当心、小心)! Bei den anderen, und bei wem noch?

Ganz recht, bei euch![12]

9 这里是动词 verstreuen 的第二分词形式, 在此充当副词, 意为"分散地"。

10 希尔德市民由于荒唐的决定而失去了家园, 他们四散营生, 散居各处, 甚至他们的后代也不清楚他们的祖先究竟源自何处。

11 die Dummen, 意为"笨人", die Gescheiten, 意为"聪明的人", 这里两处都是形容词名词化用法。

12 最后一句话语颇具讽刺性, 不过也道出了真相。现实生活中并不乏类似希尔德市民这样的人, 他们就在我们的身旁。

19 Tag

Unverhofftes Wiedersehen

常言道"天有不测风云，人有旦夕祸福"，一对即将步入婚姻殿堂的新人突逢变故，未婚夫被一场矿难夺去了生命，留下悲痛欲绝的未婚妻。多年后，未婚夫完整的尸首被矿工挖出。未婚妻闻讯赶到，向周围人讲述了她的不幸。在未婚夫下葬之日，她亲手为他围上了当年给他准备的黑色金边丝巾……

In Falun in Schweden küsste vor guten fünfzig Jahren und mehr ein junger Bergmann (m. 矿工) seine junge hübsche Braut (m. 未婚妻) und sagte zu ihr:»Auf Sankt Luciä wird unsere Liebe von des Priesters Hand gesegnet (segnen 赐福,祝福). Dann sind wir Mann und Frau und bauen uns ein eigenes Nestlein (n. 巢穴).«

» Und Friede und Liebe soll darin wohnen«, sagte die schöne Frau mit holdem (可爱的,妩媚的) Lächeln;» denn du bist mein Einziges und Alles, und ohne dich möchte ich lieber im Grab (n. 坟墓) sein als an einem anderen Ort.« Als sie aber vor Sankt Luciä der Pfarrer (m. 牧师) zum zweiten Mal in der Kirche ausgerufen (aus/rufen 宣告) hatte:»So nun jemand Hindernis wüsste anzuzeigen, warum diese Personen nicht möchten ehelich (婚姻的) zusammenkommen«, da meldete sich der Tod.[1] Denn als der Jüngling (m. 年轻人) den anderen Morgen in seiner schwarzen Bergmannskleidung (f. 矿工服) an ihrem Haus vorbeiging — der Bergmann hat sein Totenkleid immer an —, da klopfte er zwar noch einmal an ihrem Fenster und sagte ihr guten Morgen, aber keinen guten Abend mehr. Er kam nimmer (永

[1] 文章开头是一对即将步入婚姻殿堂的未婚夫妻彼此之间的甜蜜话语,而接下来就传来了男主人公死亡的噩耗,令人倍感突然。

不)aus dem Bergwerk zurück, und sie säumte (säumen 给⋯⋯镶边) vergeblich selbigen (selbig 同一) Morgen ein schwarzes Halstuch mit rotem Rand für ihn zum Hochzeitstag, sondern als er nimmer kam, legte sie es weg (weg/legen 将⋯⋯放到一边) und weinte[2] um ihn und vergaß ihn nie.[3]

Und die Ackerleute säten und schnitten. Der Müller mahlte, und die Schmiede hämmerten (hämmern 捶打); und die Bergleute gruben noch den Metalladern (Metallader f. 矿脉) in ihrer unterirdischen (unterirdisch 地下的) Werkstatt. Als aber die Bergleute in Falun im Jahre 1809 etwas vor oder nach Johannis zwischen zwei Schächten (Schacht m. 矿井) eine Öffnung (f. 洞口) durchgraben (挖穿) wollten, gute dreihundert Ellen (Elle f. 德国旧时长度单位) tief unter dem Boden, gruben sie aus dem Schutt (从废墟中) und Vitriol Wasser (n. 硫酸盐水) den Leichnam (m. 尸首) eines Jünglings heraus (heraus/graben 挖出), der ganz mit Eisenvitriol durchdrungen (durch/dringen 浸透), sonst aber unverwest (未腐烂的) und unverändert war; also dass man seine Gesichtszüge (Pl. 面容) und sein Alter noch

2 weinen 哭泣,搭配介词 um,意为"为某人而流泪"。

3 未婚夫因故丧生的那天早晨,未婚妻正在为未婚夫婚礼上要佩戴的围巾缀金边儿,这一强烈的反差让人为之心酸。

völlig erkennen konnte, als wenn（好像，后接第二虚拟式，用法等同于 als ob）er erst vor einer Stunde gestorben oder ein wenig eingeschlafen wäre an der Arbeit. Als man ihn aber zutage aus gefördert（jn./etw. zutage fördern，将……运出，弄到地面）hatte, Vater und Mutter, Freunde und Bekannte waren schon lange tot, kein Mensch wollte den schlafenden Jüngling kennen oder etwas von seinem Unglück wissen, bis die ehemalige Verlobte des Bergmannes kam, der eines Tages auf die Schicht（上班）gegangen war und nimmer zurückkehrte. Grau（灰色的，这里指头发的颜色）und zusammengeschrumpft[4] kam sie an einer Krücke（f. 拐杖）an den Platz und erkannte ihren Bräutigam（m. 未婚夫）und mehr mit freudigem Entzücken（n. 着迷）als mit Schmerz sank sie auf die geliebte Leiche nieder[5], und erst als sie sich von einer langen heftigen Bewegung des Gemüts erholt hatte, »es ist mein Verlobter«, sagte sie endlich, »um den ich fünfzig Jahre lang getrauert（trauern 悲痛，哀伤，其后接介词 um，意为"哀悼某人"）hatte und den mich Gott noch einmal sehen lässt vor meinem Ende. Acht Tage vor der Hochzeit ist, er auf die Grube gegangen und nimmer

4　zusammengeschrumpft 为 zusammen/schrumpfen 的第二分词，表示皱缩。

5　auf jmdn./etw. nieder/sinken 倒下，这里指扑倒在未婚夫的尸体上。

gekommen.«[6] Da wurden die Gemüter（Gemüt n. 心情）aller Umstehenden[7] von Wehmut（f. 悲伤）, und Tränen ergriffen, als sie sahen die ehemalige Braut jetzt in der Gestalt des hingewelkten[8] kraftlosen Alters und den Bräutigam noch in seiner jugendlichen Schöne, und wie in ihrer Brust nach fünfzig Jahren die Flamme der jugendlichen Liebe（初恋的火焰）noch einmal erwachte（erwachen 复苏, 苏醒）; aber er öffnete den Mund nimmer zum Lächeln oder die Augen zum Wiedererkennen（n. 再次认出）; und wie sie ihn endlich von den Bergleuten in ihr Stüblein（n. 小房间）tragen ließ, als die einzige, die ihm angehöre（jm./ etw.〈D.〉an/gehören 属于）und ein Recht an ihn habe, bis sein Grab gerüstet sei auf dem Kirchhofe. Den anderen Tag, als das Grab gerüstet war auf dem Kirchhof und ihn die Bergleute holten, schloss sie ein Kästlein（n. 小盒子）auf, legte ihm das schwarzseidene Halstuch mit roten Streifen um（um/legen 围上）und begleitete ihn in ihrem Sonntagsgewand, als wenn es ihr Hochzeitstag und nicht der Tag seiner Beerdigung（f. 葬礼）wäre.[9] Denn als man ihn auf dem Kirchhof ins Grab legte, sagte sie：»Schlafe nun wohl, noch einen Tag oder

6 在得知未婚夫的尸首被挖了出来的消息后, 未婚妻匆忙赶到。不过她的头发已不再乌黑靓丽, 形容枯槁的她拄着拐杖, 向周围人倾诉了她不幸的遭遇。

7 这里是可分动词 um/stehen 第一分词的名词化形式, 意为"围观者"。

8 枯萎了的, 衰老了的, 这是可分动词 hin/welken的第二分词形式。

9 在未婚夫下葬之日, 未婚妻亲手给他围上了当年她缀了金边的黑丝围巾, 给他穿上了节日服装, 好似新婚之日一般。

zehn im kühlen Hochzeitbett（n. 婚床），und lass dir die Zeit nicht lang werden（你别感到无聊）! Ich habe nur noch wenig zu tun und komme bald, und bald wird's wieder Tag.«[10]

　　»Was die Erde einmal wiedergegeben hat, wird sie zum zweiten Mal auch nicht behalten«[11], sagte sie, als sie fortging und noch einmal umschaute（um/schauen 环顾四周）.

10　这是一句在世之人向离世之人的承诺，读后令人心酸不已。

11　"大地还回来的东西，它将不会再次拿去"。我们可以通过这句话读出未婚妻对能够再次见到未婚夫的欣慰。这句话表明了她誓与未婚夫不离不弃的决心，即使是死后到了地下也依然不变。

20 Tag

Kannitverstan[1]

一个偶然的机会,可以说对 Kannitverstan 这个词的误解让这则故事的主人公,即一名流动工匠更加深刻地理解了世事无常的道理。他来到了阿姆斯特丹,沉醉于那华丽的住宅以及令人垂涎的财富,错误地认为这些财富为一个名为 Kannitverstan 的人所有。但是顷刻间,他又遇到了一个送葬的队伍,继而错误地认为这是给 Kannitverstan 送葬的队伍。财富和死亡,二者之间的反差反倒让他心情释然,不再为尘世间人与人的贫富悬殊而感到纠结。

1 音译为"卡恩·尼特·菲尔施坦",其实这是句荷兰语,意为"我不知道你在说什么",和德语中的"Kann nicht verstehen"相对应。

162 | TAG 20

Der Mensch hat wohl täglich Gelegenheit, in Emmendingen（埃门丁根, 德国巴登－符腾堡州城市）und Gundelfingen（贡德尔芬根, 德国巴登－符腾堡州城市）so gut als in Amsterdam（阿姆斯特丹, 荷兰首都）, Betrachtungen（f. 思考）über den Unbestand（m. 变幻无常）aller irdischen Dinge anzustellen[2], wenn er will, und zufrieden zu werden mit seinem Schicksal（n. 命运）, wenn auch nicht viel gebratene Tauben[3] für ihn in der Luft herumfliegen（到处飞）.[4] Aber auf dem seltsamsten Umweg kam ein deutscher Handwerksbursche in Amsterdam durch den Irrtum zur Wahrheit（f. 真相）und zu ihrer Erkenntnis[5]. Denn als er in diese große und reiche Handelsstadt（f. 贸易城市）, voll prächtiger Häuser, wogender（wogend 波动的, 起伏的）Schiffe und geschäftiger（geschäftig 忙碌的）Menschen gekommen war, fiel ihm sogleich ein großes und schönes Haus in die Augen, wie er auf seiner ganzen Wanderschaft（f. 游历）von Tuttlingen（图特林根, 德国巴登－符腾堡州城市）bis nach Amsterdam noch keines erlebt hatte. Lange betrachtete er mit Verwunderung（f. 惊讶, 好奇）dies kostbare Gebäude, die sechs Kamine（Kamin m. 烟囱）

2 an／stellen 进行, Betrachtung über etw. （A.）an／stellen 对……进行思考。

3 f. 鸽子, 谚语 Die gebratenen Tauben fliegen einem nicht in den Mund.意为"烤好的鸽子不会飞进人的嘴里", 指的是需要的东西不会白来, 需要自己努力。

4 文章开篇处即对本文的主旨进行了概括: 尘世间变幻无常, 人们都会理解到这一点, 进而满足于自己命运的安排。

5 f. 认识, 功能动词 zur Erkenntnis kommen, 意为"认识到"。

auf dem Dach, die schönen Gesimse（**Gesims n. 突出于墙壁的横脚线**）und die hohen Fenster, größer als an des Vaters Haus daheim die Tür.[6] Endlich konnte er sich nicht entbrechen, einen Vorübergehenden[7] anzureden. »Guter Freund«, redete er ihn an, »könnt Ihr mir nicht sagen, wie der Herr heißt, dem dieses wunderschöne Haus gehört mit den Fenstern voll Tulipanen（**Tulipane f.〈旧〉郁金香**）, Sternenblumen und Levkojen（**Levkoje f. 紫罗兰**）?« — Der Mann aber, der vermutlich etwas Wichtigeres[8] zu tun hatte und zum Unglück（**不幸的是**）gerade so viel von der deutschen Sprache verstand als der Fragende（**m. 提问的人，这里指的是主人公本人**）von der holländischen, nämlich nichts, sagte kurz und schnauzig（**鲁莽地**）: »Kannitverstan（**荷兰语，意为"我不知道你在说什么"**）« und schnurrte（**schnurren 发出咕哝声**）vorüber. Dies war nun ein holländisches Wort, oder drei, wenn man's recht betrachtet, und heißt auf Deutsch so viel als: Ich kann Euch nicht verstehen. Aber der gute Fremdling（**m. 陌生人**）glaubte, es sei der Name des Mannes, nach dem er gefragt hatte.[9] Das muss ein grundreicher（**grundreich 十分富有的**）Mann sein, der Herr

6 主人公来到阿姆斯特丹，他被眼前华丽的景象所吸引。

7 这里是可分动词 vorüber/gehen 第一分词 vorübergehend 的名词化形式，意为"过路的人"。

8 这里是形容词 wichtig 比较级的名词化形式，意为"更重要的事情"。

9 主人公错误地理解了 Kannitverstan 这个词的含义，并认为眼前所见的财富均为这个事实上并不存在的人所有。

Kannitverstan, dachte er, und ging weiter. Gass' aus, Gass' ein（到处）, kam er endlich an den Meerbusen（m. 海湾）, der da heißt: Het Ey, oder auf Deutsch: das Ypsilon.

Da stand nun Schiff an Schiff und Mastbaum（m. 桅杆）an Mastbaum, und er wusste anfänglich（一开始,最初）nicht, wie er es mit seinen zwei einzigen Augen durchfechten[10] werde, alle diese Merkwürdigkeiten genug zu sehen und zu betrachten, bis endlich ein großes Schiff seine Aufmerksamkeit an sich zog, das vor kurzem aus Ostindien（n. 东 印 度）angelangt（an/langen 来到）war und jetzt eben ausgeladen（aus/laden 卸 货）wurde. Schon standen ganze Reihen von Kisten und Ballen（m. 包,捆）auf- und nebeneinander am Lande（在 码 头）. Noch immer wurden mehrere herausgewälzt（heraus/wälzen 翻滚出来）, und Fässer voll Zucker und Kaffee, voll Reis und Pfeffer, und einigem Mäusedreck（m. 老鼠屎）darunter. Als er aber lange zugesehen hatte, fragte er endlich einen, der eben eine Kiste auf der Achsel（f. 肩 膀）heraustrug, wie der glückliche Mann heiße, dem das Meer alle diese Waren an das Land bringe. »Kannitverstan« war die Antwort. Da dachte er: Haha, schaut's da

10 把……坚持到底，这里其实是在说主人公一直在用两眼观察着眼前的事物，以致两眼都忙不过来了。

heraus（口语，意为"获利"）? Kein Wunder,
wenn das Meer solche Reichtümer an das Land
schwemmt（schwemmen 冲刷）, der hat gut
solche Häuser in die Welt stellen und solcherlei
（这样的）Tulipanen vor die Fenster in
vergoldete[11] Scherben. Jetzt ging er wieder
zurück und stellte eine recht traurige Betrachtung
bei sich selbst an[12], was er für ein armer Teufel
sei unter soviel reichen Leuten in der Welt. [13]

    Aber als er eben dachte: Wenn ich's doch
nur auch einmal so gut bekäme, wie dieser Herr
Kannitverstan es hat, da kam er um eine Ecke[14]
und erblickte einen großen Leichenzug（m. 送
葬的队伍）.

    Vier schwarz vermummte[15] Pferde zogen
einen ebenfalls schwarz überzogenen[16]
Leichenwagen（m. 灵车）langsam und traurig,
als ob sie wüssten, dass sie einen Toten in seine
Ruhe führten（带领着逝者走向长眠）. Ein
langer Zug von Freunden und Bekannten des
Verstorbenen[17] folgte nach（nach/folgen 跟
随）, Paar und Paar, verhüllt[18], in schwarze
Mäntel und stumm. In der Ferne（在远处）
läutete ein einsames Glöcklein（n. 小型的钟）.
Jetzt ergriff unseren Fremdling ein wehmütiges
（wehmütig 忧伤的）Gefühl, das an keinem

11　镀金的，动词
vergolden 的第二分词
形式，有被动含义。

12　eine Betrachtung
an/stellen 进行思考

13　看到眼前这一切
诱人的场景，主人公对
自己的身份深感悲哀。

14　f. 拐角处，这里的
短语意为"拐过一个街
角"

15　被裹起来的，动词
vermummen 的第二分
词形式，有被动含义。

16　被罩上的，动词
überziehen 的第二分
词形式，也有被动含义。

17　这里是动词
versterben 第二分词的
名词化形式，意为"已
逝之人"。

18　被蒙上的，此为动
词 verhüllen 的第二分
词形式。

guten Menschen vorübergeht, wenn er eine Leiche sieht, und blieb mit dem Hut in den Händen andächtig（虔诚地，肃穆地）stehen, bis alles vorüber war. Doch machte er sich an den letzten vom Zug, der eben in der Stille ausrechnete（aus/rechnen 算出）, was er an seiner Baumwolle gewinnen könnte, wenn der Zentner um zehn Gulden aufschlüge, ergriff ihn sachte（小心翼翼地）am Mantel und bat ihn treuherzig（坦率地）um Verzeihung（f. 原谅）.

»Das muss wohl auch ein guter Freund von Euch gewesen sein«, sagte er, »dem das Glöcklein läutete, dass Ihr so betrübt（悲伤地，难过地）und nachdenklich mitgeht.«

»Kannitverstan« war die Antwort. Da fielen unserem guten Tuttlinger ein paar große Tränen aus den Augen, und es ward ihm auf einmal schwer und wieder leicht ums Herz. »Armer Kannitverstan«, rief er aus, »was hast du nun von allem deinem Reichtum?[19] Was ich einst von meiner Armut auch bekomme: ein Totenkleid（n. 寿衣）und ein Leintuch（n. 床单，这里作"裹尸布"理解）, und von all deinen schönen Blumen vielleicht einen Rosmarin（m. 迷迭香）auf die kalte Brust, oder eine Raute（f. 芸香）.« Mit diesen Gedanken begleitete er

19 主人公遇到了一个送葬的队伍，他再次误将其认为是为 Kannitverstan 送葬的队伍。他突然明白了财富并不意味着一切这个道理。

die Leiche, als wenn er dazu gehörte, bis ans Grab, sah den vermeinten[20] Herrn Kannitverstan hinabsenken[21] in seine Ruhestätte（f. 长眠之处，指墓穴）, und ward von der holländischen Leichenpredigt（f. 为逝者所做的布道）, von der er kein Wort verstand, mehr gerührt（被感动的）als von mancher deutschen, auf die er nicht Acht gab. Endlich ging er leichten Herzens（内心轻松地）mit den anderen wieder fort, verzehrte in einer Herberge, wo man Deutsch verstand, mit gutem Appetit ein Stück Limburger（林堡的，林堡为德国黑森州城市）Käse, und wenn es ihm wieder einmal schwer fallen wollte, dass so viele Leute in der Welt so reich seien und er so arm, so dachte er nur an den Herrn Kannitverstan in Amsterdam, an sein großes Haus, an sein reiches Schiff und an sein enges Grab.[22]

20　同 vermeintlich，意为"误以为的"。

21　放下，这里指的是将逝者的灵柩放置于墓穴中。

22　主人公明白了世事无常这个道理，心情豁然开朗，不再受到身份差别这一情感的困扰羁绊。